年中夢球
Nenjyu Mukyu

球育

親や指導者が
主人公の野球を
していませんか？

日本写真企画

野球に対する「心構え」＝「心が前」

少年野球や高校野球で、練習前に靴を一つの場所にきれいに合わせて並べる。

グローブもバットもカバンも一つの場所にきれいに合わせて並べる。

私もここをかなりうるさく言います。

……なぜ道具を一つの場所に綺麗に並べるのでしょうか？ 見た目が綺麗だからでしょうか？

それとも、きちんとしたチームに見られるからでしょうか？

やはり「形」ではなく「心」が大切なんですよね。では野球の「心構え」とは何なのでしょうか？「心技体」が大切とよく言われます。どれも野球に大切なことですが「心が一番前」に来ています。ですから、野球に対する「心構え」は「心が前」なのだと思っています。

私は、練習前から「みんなで心を合わせて一つのことに取り組みなさい」と話しています。

その心構え（心が前）が、いい練習に、そしていい試合に繋がるのだと思います。

道具の並べ方だけではありません。朝のあいさつでも、みんなで気持ちを一つにして揃った挨拶をする。さらには「朝のランニングも全員で足をきれいに揃えなさい」とも言います。

みんなで足を揃えようとするには心が一つにならなければできません。

結果として見た人が気持ちよくなることもあるでしょう。ですが、一番大切なことはそこではなく、心を一つにすることです。道具を一つの場所に綺麗に並べることで、ランニングで足を揃えることで、みんなの「心」を一つにしていく――。

心を一つにすることを「一心」といいます。

その「一心」は、やがてチームを一つにし、信じ合える「一信」に変わるのだと思います。

大切なのは形ではなく、心です。

本書は、野球の技術書ではありません。少年野球のお父さんお母さん、そして指導者のみなさんに向け、野球に対する「心」について触れています。親御さんや指導者が主人公の野球になっていませんか？ 子供が自分で考える機会を邪魔していませんか？ 野球を通じて、「考動力」を鍛えることは、社会に出ても役立つものです。

お子さんや選手と本書の内容を一緒に考えていただくことが、野球のすばらしさを再認識することになるとともに、学校でも会社に入っても必要な「考動力」を鍛えることになるものと信じています。

親と選手のベースボールメンタルコーチ　年中夢球

球育 ― 目次

第一章　心の野球を子供に伝える

第二章　野球少年の親として

第三章　少年野球の指導者として

第四章　こんなときどうする？　親子で乗り切る

第五章　チームってなんだ？

第六章　感動！ 本当にあった心の野球秘話

第一章

心の野球を子供に伝える

礼儀だけを教えてはいけない
――そこに心がなければ意味がない

先日、ある野球チームから「練習を見て欲しい」という依頼を受けてお邪魔させていただきました。

練習前にグラウンドに対してピシッとした挨拶。全員が綺麗に揃った挨拶は美しいものでした。監督さんが私のところに来て、

「挨拶はうちのチームの自慢なんです。この挨拶になるまで一日何時間も練習したんですよ。揃うまで何度も怒ってようやくここまでの挨拶になりました。野球は礼儀が大切ですから」

そうお話しくださいました。

選手にどうしても聞きたいことがあったので監督さんに、

「少し選手とお話しさせてもらえますか？」

と断った上で選手に聞いてみました。

「グラウンドに挨拶する時に何を思っているのかな？」

すると、

「え、あっ、それは……、えっと……感謝の気持ちです」

と答える選手。ちょっと意地悪だと思いつつ、

「何に感謝してるのかな?」

と尋ねると、

「えっ、それは……、えっと……」

と答えが出てこないようでした。

挨拶などの礼儀は時に練習することもあるかもしれませんが、一日に何時間も練習するものではありません。この監督さんにお話しさせていただきました。

何時間も挨拶の練習をするのなら、

「なぜ、挨拶をするのか、という心をきちんと話すことのほうが大切です」と。

朝一番にグラウンドにする「お願いします」には意味があります。

このグラウンドを使えることに尽力してくださった方々、草むしりやネット補修をしてくれたお父さんたち、怪我があった時にすぐに動いてくれるお母さんたち、このグラウンドに汗と涙をたくさん流していった先輩、そういう全ての人がいてくれたから今日もこのグラウンドを使えることができます。それらの人たちに感謝の意味を込めて、「お願いします」だと思うのです。

●礼儀以上に礼節を伝えたい

「礼節」という言葉を皆さんはお聞きになったことがあるでしょうか?

礼節とは「礼儀を行う心のこと」です。

礼儀はとても大切なことです。礼儀は「心」で思ったことを言葉や行動にするものです。挨拶で言えば「大きな声で挨拶をする」ほうが相手も気持ちよくなります。

でも、言葉や形ができたとしてもそこには「心」も必要なはずです。

「大きな声で挨拶をしなさい」

と言えば子供たちはするでしょう。それを教えることも大切です。「強制的」にそれを教えることで「礼儀」はできるようになるかもしれません。ですが「礼節」は強制的にさせることはできません。

それは彼らの「心」が感じることです。


礼節を持つ心を野球で育ませていくことができたら指導者として一番嬉しいことではないでしょうか?

礼儀を教えることも重要ですが、そのバックボーンにあるのは「礼節」だと思っています。

礼儀を指導すること以上に「礼節」の大切さを、野球を通して子供たちに知ってもらうことが大事です。

時には「礼儀」という形から入って後になって「礼節」の大切さに気付くというケースもあるでしょう。

それは指導者の方が礼節の大切さを指導していたからだと思います。

「心」のないものを「形」にするのではなく、「心」があって「形」にすることが本当の意味の「礼儀」です

「礼節」があっての「礼儀」だからこそ野球を終えた後でもずっと「心に響く挨拶」ができるようになるのだと思います。

どうして道具を綺麗に並べるの？

――「心が前」であり、野球のプレーに繋がるから

チームの道具を綺麗に一つにする
道具の手入れや整理整頓をする

そんなことは野球のプレーには関係ないじゃないか、という考え方もあるでしょうが、道具を綺麗に整理整頓することは、まず、野球の「心が前」の問題です。
野球人として、そして、人として大切なことだと思います。

練習前や試合前、道具を綺麗に一つに並べる。
カバンの向き、縦と横もピッチリ揃えて並べる。
肩ひもの向きも全員でそろえる。

ではなぜ、このように道具を綺麗に並べる必要があるのでしょうか？

「見た人が気持ちいいから」

というのは有り難いことですが、これが本来の目的ではありません。

「道具を綺麗に一つに並べることで全員の心を一つにしなさい」

と、僕は選手にそう伝えています。

野球に対する「心が前」として道具を綺麗に一つに並べる。チームが強い弱いという前にこういうことができる選手は「人として強い」はずです。

道具を綺麗に一つに並べる時は当然、自分の道具だけを見ていてはみんなと揃いません。周りを見て自分の道具を綺麗にしていくわけです。

そうすると自分以外の子のカバンの向きが違っていたり、カバンのファスナーが閉まっていないことに気がつく時が出てきます。それを見て直してあげたり、その子に声をかけたりしていく姿が見られるようになります。

野球は視野を広くしなくてはいけないスポーツです。こういう「周りを見る眼」が野球には必要です。

そして、道具はもちろんですが、チームの仲間を見られるようになっていってほしいと思

っています。

――周りを見回すと辛くていっぱいいっぱいになっている仲間がいる。

――試合中に顔は笑顔だけれど肩で息をしているピッチャーがいる。

私は常に「目配り・気配り・心配り」が大事だと選手に言っています。

道具を綺麗に一つに並べることで「周りを見る眼」を養うことができ、チームの仲間に声を掛けてあげられる。そして、仲間がその言葉で元気になる。元気になった選手がいいプレーをする……。

私は道具を綺麗に並べることは「野球の心が前」と同時に、プレーそのものにも関係していると信じて子供たちにこれからも指導していくつもりです。

道具を大切にする選手としない選手の違いとは
——グローブを磨くことは自分を磨くことになる

「野球道具を大切にしなさい」

「整理整頓をしなさい」


親御さんや指導者の方は子供にこういった言葉をかけることと思います。

「はい！」と返事はするものの道具を大切にしなかったり、整理整頓をしなかったり……。

それが大人はまたイラッとして先ほどより大きなトーンの声で怒って、子供はシブシブやり始める……。

そんな毎日になっていないでしょうか？


野球にはたくさんの道具があります。グローブ、スパイク、アップシューズ。これらの道具を大切にする選手と大切にできない選手の違いはなんでしょうか？

磨かないためにペチャンコになってしまったグローブ。磨かない泥々のスパイク。

こういう野球選手のほとんどは、部屋が汚い。財布の中身が汚い。布団を畳まない。筆箱の中身や学校のかばんが汚かったり……物を大切にすることができていません。

逆にグローブやバットなどを大切にしている選手は、いろいろなものを大切に扱うことができます。つまり、物を大切にするかしないかは、子供によってハッキリと分かれてしまいます。

●水筒を洗って気づいたこと

なぜこのように両極端になるのでしょうか?

それは「心」です。

野球道具やその他の物も大切にすることができる選手は「人」も大切にしているはずです。人に愛情をかけられるように野球道具や物にも愛情をかけられる心を持っている証拠です。

グローブを磨く時、彼らはそこに何を思うのでしょうか?

「お父さんやお母さんが一生懸命働いて買ってくれたグローブだから大切に使おう」

買ってくれた人に対して感謝の気持ちを持っている証拠です。

「試合の時、しっかりボールを捕ってくれよ」

チームの勝利を考え、仲間と喜びを分かち合いたい気持ちを持っている証拠です。

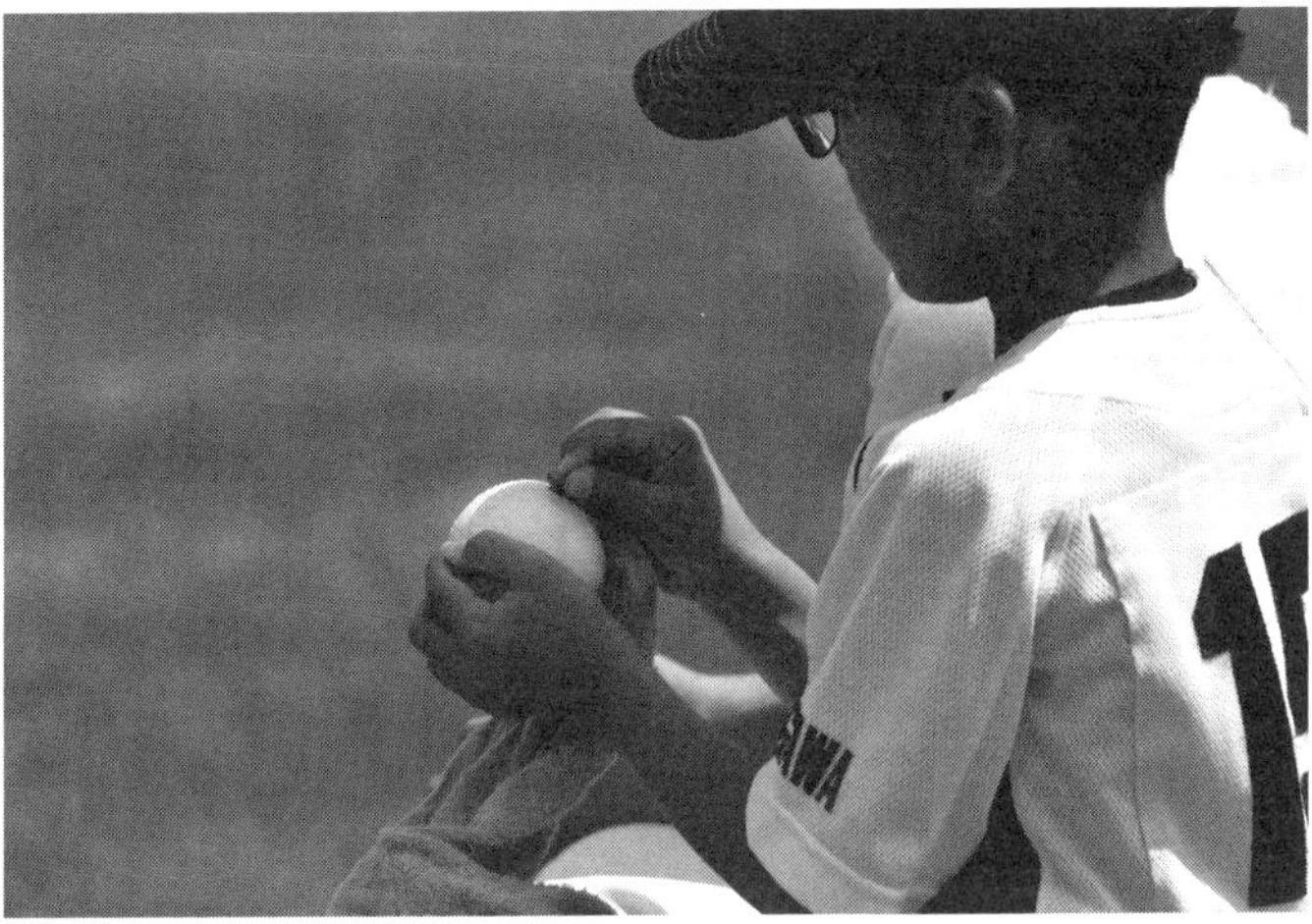

野球道具だけは大切にしていて、

「うちの子は他の物は大切にできていないけど野球道具は大切にしているから大丈夫」

そんなふうに思う親御さんもいるかもしれません。

ですが、それは、

「グローブを磨かないと監督やコーチに怒られるから」

「お父さんやお母さんがうるさいから」

そういう「形」だけを考えているのであって「心」が入っていない証拠です。

ただ単に「物を大切にしなさい」と言っても子供の心には響きません。

以前、グローブを磨いていない子がいました。

その子を呼んで僕はこう言いました。

「明日までに今日使った水筒をピカピカにし

てきて」

「グローブじゃなくて水筒ですか？」

驚いた表情を見せる彼に、

「そう。水筒。グローブは磨かなくていいから水筒を綺麗に磨いてきて。蓋も全部だぞ。蓋のパッキンも」そう答えました。

水筒……洗うのがすごく面倒なもののひとつですよね。

次の日、彼が持ってきた水筒は下も蓋もピカピカに磨いてありました。相当、時間をかけて磨いてきたのでしょう。

「どうだった？水筒磨き」

そう僕が聞くと、

「水筒一つ磨くことがこんなに大変だと思いませんでした」

と答える彼。

「そうか。お母さんは毎日その大変なことをしているんだよね。水筒の下も蓋もパッキンも、隅々まで綺麗にしてくれているのは何でかわかるか？菌がついたままで君がお腹を痛めないように。飲む時に少しでも綺麗な状態で飲めるようにっていうお母さんの想いが水筒一つにも入ってるんだよ。グローブも一緒だよ」

彼にそう話しました。

●道具には親の想いが入っている

グローブを買ってあげて喜ぶ子供の笑顔。もっと野球を好きになってくれるかなという親の想い。グローブを変えたら、ひょっとしたら守備が良くなるかな……。

そんな親の想いがグローブにも入っています。

グローブだけではありません。バッテにも、バットにも、スパイクにも、野球道具だけでなく全ての物に親の想いは入っています。

小学生のうちはなかなかそこをイコールで結ぶことは難しいかもしれませんが、道具を大切にする気持ち、その道具に込められた想い、そういうことを指導していきたいですね。

道具を大切にできるようになってきたということは、人も大切にできるようになった証拠です。


グローブを磨くということは……、自分を磨いているのかもしれません。

選手に必要な9つの「かん」を知っていますか？

――野球を終えたときに手に入れたいこと

「かん」と聞いて皆さんはどんな漢字を頭に思い浮かべるでしょうか？　辞書で調べるとたくさんあることに驚きます。

野球にはたくさんの「かん」が必要とされます。野村克也さんは3つの「かん」があると述べています。

①野球に必要な「感」

野球というスポーツは心で感じることが大切です。

プレー中に流れが変わることを感じ……

仲間に元気がないことを感じ……

心で感じないとわからないことが野球にはたくさんあります。

心で感じることによって「感謝」の本当の意味がわかるようになります。

②野球に必要な「考」

心で感じられるようになってくると物事を考えられるようになってきます。
野球が上手になるためにはどうしたらいいのだろう……
チームが勝つためにはどうしたらいいのだろう……
考えることができる野球少年は、「やらされている野球」ではなくなります。
自分で考えるからこそ「楽しみ」も「辛さ」も自分で背負うのです。
自分で考えたからこそ人のせいにはしない子になります。

③野球に必要な「間」

野球というスポーツには間があります。
ピッチャーが投げる前……、バッターボックスで……
そして、守っている選手も……、ランナーも……
一球ごとにみんなこの「間」の時に次のプレーを予測します。
この時に「感」と「考」が大切なことは言うまでもありません。

ここからは私が感じている「かん」です。

④野球に必要な「勘」

野球には時に、勘が必要とされる時があります。
ですが、この「勘」にも根拠がなければいけません。
データ、流れ、そして「感」と「考」、勘にも根拠があるはずです。

⑤野球に必要な「観」

野球は「観」も必要なスポーツです。
野球には相手がいます。自分のことや自分のチームのことだけ考えてもいけません。
しっかり相手チームを観ることも大切です。
ですが「観」の後に「感」と「考」がなければ意味がありません。
根拠のある「勘」にも繋がっていきません。

⑥野球に必要な「汗」

物事を感じ、考えることは野球に必要なことですが、頭だけでは野球はできません。
白球をどれだけ捕り、バットをどれだけ振ったのか。
どれだけ汗を流してきたかは選手の努力に比例します。

⑦野球に必要な「貫」

野球を成し遂げるために必要な「貫」です。

野球は辛いこと、苦しいことがたくさんあります。

その辛いことや苦しいことも含めて、「野球が好き」という気持ちを貫いてほしいのです。

⑧野球が終わる「完」

どの選手にも野球に終わりを告げる時がきます。

少年野球で野球を終える子もいればプロ野球で終える選手もいます。

野球を終えた時に自分自身に何を残せたかが大切なこと。

野球人としての「完」を迎えた日が、新たなスタートの日でもあります。

⑨野球で手に入れた「冠」

野球を終えた後に皆さんが手に入れたものは何でしょう。

仲間との絆。最後までがんばる大切さ。親への感謝。

一人一人の頭上に栄冠は輝いています。

「人間力」と呼ばれる5つの力
――野球が養ってくれる「心で感じる力」

先日、高校野球を終えた娘が、

「野球を終えて、人間力が大切だってことがわかった気がする」

と呟いていました。

こういうことに気がつかせてくれた先生方、仲間、そして野球に感謝の気持ちでいっぱいです。

私は普段、子供に勉強を教える仕事をしていますが、時に「学歴」ということが全てだという考えの先生をお見かけします。

「学力」という力も立派な才能や努力の結果です。

でも全てではありません。

「野球が上手ければいいんだ」「頭さえよければいいんだ」

こういう考えのまま子供が将来、社会に出ればきっと壁にぶつかるはずです。

打つ力、投げる力、捕る力、走る力……、それらの力は野球を終えた後には必要ではないものになります。

打つ力や投げる力は「目に見える力」です。

野球を終えて子供たちの今後に必要な力は、野球で養った「目に見えない力」なのかもしれません。

その「目に見えない力」が「人間力」なんだと思います。

①全ては気付きの力から

気付くとは「気が付く」ということです。自分の気持ちがあるものに付くものです。

仲間が困っていて助けようと思うことも自分の気持ちが「仲間に付くこと」ができるかどうかです。また、親や指導者の方に「感謝」することに自分の心が気付けるかどうかです。

全ての「力」はこの気付きの力から生まれるのだと思います。

そして野球を通してこの力が育ってくれたのならこれほど嬉しいことはありません。

②やり遂げる力

「野球を楽しく」と、よく言われますが、本当の楽しさを得るためには厳しい練習があってこそです。

その厳しい練習も含めて「野球は楽しいもの」であると思います。

最後までやり遂げることによって子供たちは「自信」という将来に役立つものを手に入れることができます。

③仲間を想い遣る力

野球に限らず団体スポーツは「チーム」であり、皆、チームの中の一人に属すことになります。

将来、社会人となったら「会社」というチームに属します。

やがて結婚し子供が生まれたら「家族」というチームができ上がります。

人間は一人では生きて行けず、必ず何らかの「チーム」に属することになります。

チームの中には必ず困っている人がいます。その時に野球で育んだ「仲間を想い遣る力」が役に立つはずです。

④自ら考え動く力

野球をしていると様々な場面で「判断をする力」が必要になってきます。

それは、プレー中であれば、瞬時に、そして自分で判断しなければいけません。

瞬時に自分で判断するためには、普段から「自分で考え行動する力＝考動力」が備わっていなければできません。

大人が全て指示を出したり、手を差し伸べると子供の「考動力」は養えなくなります。将来、子供たちはいろいろな場面で考え、行動しなければいけないときが出てきます。

野球で養った「考動力」は、「判断力」となり将来の役に立つはずです。

⑤感謝する力

野球は一人ではできません。一緒に汗を流した仲間やサポートしてくれた親御さん、指導者の力があってこそ子供たちは野球をやり遂げることができます。

その「謝意を心から感じる」という力を、野球を通して得た選手たちは、有難みの本当の意味を知ることができます。その力は優しさ持った証でもあります。

どの選手にも野球を終える日がやってきます。そして、野球を終えてからの人生のほうが長いでしょう。野球を終えてから、何か一つでも野球を通じて身に付けた「心で感じる力」が残ってくれていたら……そう思っています。

そして、その「心で感じられることができる力」が「人間力」と呼ばれるのだと思います。

⚾ なぜキャッチボールは「相手のことを想って投げる」のか？

——相手のことを想って……とはどういうことなの？

●相手のことを「おもう」から「思う」ではなく「想う」

ウチはキャッチボールの時に捕球から投げる前までを一連の動作で行うように指導しています。常に試合を意識して、捕る↓投げるまでを一つの動作としています。ボールを捕った後に背中をクルッと向けるようなキャッチボールは基本的に禁止にしています。

そう考えると、「捕りやすい」＝「投げやすい」ということになってきます。

●捕りやすい場所は投げやすい

投げやすいということは暴投も減ります。捕りやすい場所に投げることによって、エラーする可能性も低くなり、暴投する可能性も低くなるのです。

●仲間がミスをしないように相手のことを想って投げる

これが冒頭にある「相手のことを想って投げなさい」という意味なのではないかと思って

います。

「相手のことを想って投げなさい」というと時々、ゆっくりしたボールを投げる子がいますが、そうではなく、相手の要求するグローブ（投げやすいところ）に想いを込めて投げる。

中継はまさにその想いのプレーですね。外野の間をボールが抜ける……外野手は内野手のカットマンにバックホームまでの想いを込めて捕りやすい場所＝投げやすい場所に投げる。その外野手の想いを受け取った内野手は、キャッチャーがタッチしやすいところに外野手の想いを込めて投げる。

一つのボールにチームみんなの「想い」を繋ぐ――

周りの選手は声で「想い」を繋ぐ。普段から憎しみあっていては、想いも声も繋げないんです。

白球を繋げるとは、自分の想いを仲間に「繋げる」こと。相手のことを想うのは、キャッチボールだけではなく、普段の生活も同じですね。

本来、自分のところにある「想い」を相手に「遣って」……「想い遣り」

キャッチボールは「想い遣り」の基本なのかもしれません。

想い遣り算
——子供だから計算通りにいかない時もあります

皆さんは「おもいやり算」というのを耳にしたことがあるでしょうか？
以前にACのコマーシャルで流れていたのでご存じの方も多いかもしれません。

「＋」たすけ合うと大きな力になる
「－」ひき受けると喜びが生まれる
「×」声をかけると一つになれる
「÷」いたわると笑顔は返ってくる

これってまさに野球のチームづくりに必要なものだと思うんですね。
練習や試合中に元気のない仲間を「たす」ける。
ネット出しや重い荷物などの嫌な役を「ひき」受ける。
ミスをして落ち込んでしまった仲間に声を「かけ」る。

仲間ががんばったらいた「わる」。

本来、しつけというのは親の義務だと思っています。ただ、野球を通してこういうことを感じ取ってくれたら指導者として本当に嬉しく思います。

そして、野球以外の学校生活や私生活でも自然とできるようになると「野球をしていて良かった」ということになるのではないでしょうか？


それこそ、野球が心を育ませてくれた「球育」なのだと思います

ただ、この「おもいやり算」のように、計算通りに上手くいかないことも多くあります。

やんちゃな子がいて、おもいやりを持てない子もいます。

おとなしくて自分から声をかけられない子もいます。

こういう子がいたら、「あいつはだめだ」とすぐに決め付けるのではなく、時間をかける覚悟も指導者には必要なことだったりします。

指導者と子供、親子、指導者同士、親同士……このおもいやり算は、我々大人にも言えることですね。

「おもいやり」とは本来自分のところにある「想い」を相手に「遣る」から「想い遣り」

なのです。

この「想い遣り算」に「〜のに」を付けてみましょう。

「たすけているのに」

「ひき受けているのに」

「声をかけているのに」

「いたわっているのに」

「こんなにお当番をがんばっているのに」

「一生懸命教えているのに」

こうなると何かの見返りを求めてしまっていることになり、相手のことを想う「想い遣り」ではなくなってきてしまいます。

子供の中には野球の悩みを心に留めている子も多くいます。

「たすけてほしい」

「ひき受けてほしい」

「声をかけてほしい」

「いたわってほしい」

そういう子供のサインを見落とさないような指導者でいたいと思っています。

子供のことを考えることもなく、ただ自分が怒りたいから怒るというのであれば「想い遣り」ではなく「重い槍」となって子供の心に突き刺さります

子供同士も、指導者も、親同士も……

「たすけ合い」
「ひき受け合い」
「声をかけ合い」
「いたわり合い」

たくさんの「合い」があるということは、「チーム愛」に溢れているんだと思います。

こういうチームこそが、最終回の土壇場で逆転をしたり、大差をひっくり返したりといった、「奇跡」と呼ばれる試合をするような気がしています。

怪我をしてもグラウンドに来る子と来ない子の違い
――逆境の時こそ、人間の本質が見えてくる

「野球をお休みすること」について皆さんはどう考えていらっしゃるのでしょうか。

私は病気でどうしても電話できない以外は、

「お休みの連絡は子供が直接電話してくるように」

と伝えています。

ですが、そう言っても……親御さんから連絡が来るケースがあります。

選手のお母様から、こんな連絡がきたことがあります。

「体育の授業で足をけがしてしまったので練習を休ませてもらいます。来週は公式戦なので参加します」

という内容でした。それも電話でなくて、メールで……。

「野球の練習を休ませる」という基準はそのご家庭のジャッジになります。

この連絡をもらった時、

「親御さんが休ませているのですか？　本人が休みたいと言ったんですか？」

と尋ねました。

親御さんからの連絡では判断しずらいものがあります。

親御さんたちからすると、

「朝の忙しい時間だから申し訳ないのでメールで」

と思われたのかもしれませんが、

「子供から電話でお願いします」

そう常に話しています。

●仲間を支えたからこそ帰ったときの「おかえり」が心に響く

もちろん怪我の具合にもよりますが、私が指導した選手は休むことをほとんどしませんでした。

骨折して松葉づえでグラウンドに来る選手もいました。

なぜ彼らはグラウンドに来るのでしょうか？

それは、「仲間に会いたい」からです
そして「仲間のために何かしたい」からです

怪我をしてしまった……確かに練習はできないかもしれません。ですが、グランドに出てきて何かやれることはないだろうか？

仲間のために何かできることはないだろうか？

そう思ってグラウンドに来てくれるのだと思っています。

「本人がどうしても練習に行くと言っているのですが、迷惑にならないでしょうか？」

お母様からそんな連絡をいただく時もありますが、

「あいつが来ないほうがみんなも元気がなくなるから、休むほうが迷惑ですよ」

そうお話しさせていただいています。

ただ腰の故障などは安静にすることが一番。グラウンドに来ると、どうしても動いてしまうので無理させないこともあります。

現に怪我をしていても、彼らは、私が何も言わなくても自分からチームのために率先して動いてくれます。

自らランナーコーチをしてくれる選手。

ボールを磨いてくれる選手。

こういう選手だからこそ怪我が治った時にチームメイトが温かく迎えてくれるのではないでしょうか？

グラウンドに出てみんなのサポートをする、そういうことをしてくれた選手だから、みんなからの……、

「おかえり！」

という言葉が心に響くのだと思います。

怪我をした時、野球とどう向き合うのか、それは「チーム」がどういう姿勢なのかが影響する気がします。

自分が怪我をしても「仲間のためにグラウンドに行く」というチームなのかどうか、そして、逆境になった時こそ人間の本質が見えてくるものです。

怪我というツライ時であっても「仲間を想う気持ち」。

こういうものこそが野球を終えた後でも大切なことのような気がします。

⚾ 声を出す理由は……チームが強くなるからです

――「声を出せ!」と毎週言えば言うほど効果は薄れていくもの

「声を出せー」

「元気出せー」

と少年野球の監督、コーチの声がグラウンドに響いている光景を目にします。

「ウチのチームは声が出ません。子供らしい元気さが見られません。どうやったら声が出るチームになるでしょうか?」

こういう相談をよくいただきます。

そんなときは決まって、

「ではなぜ声を出す必要があると思いますか?」

と質問をするようにしています。

「見ていて気持ちいいから」

「元気があっていいチームだと見られるから」

そんな答えが返ってきました。

子供に声を出すことを説明するのに、そんな理由では、

「よし！ 声を出そう」

とはならないと思うんですね。

見た目が元気よく見えるからではなく、声を出す意味を伝えなければなりません。

基本的にウチのチームは「声を出せ」という言葉を指導者から子供へ、そして子供同士で言うことが禁止になっています。

気が入っていれば、自然に声は出るものだという考えからなのですが……。ただ全員そうだとは限らないんですよね、いろいろな小学生がいるので。

「声出せー！」

「おー」

その時だけ言ってまたシーン。

それを何度か繰り返すと、

「声出せって言ってんだろ！」

監督やコーチがだんだんイライラしていくシーンも見かけます。結局、グラウンドで一番大きな声を出しているのが、指導者というのも皮肉ですよね。

●声を出す目的を考える

①自分を奮い立たせる
②仲間に叱咤激励をする
③確認の声
④緊張をほぐす

これらの4つの目的は「声を出す＝チームが強くなる」ことなのです。

筋トレやダッシュの練習は目に見えて変化が出てきます。

「俺、筋肉ついたな」「足が速くなったな」

しかし、声を出すことでチームが強くなるという実感や実体験がない小学生は、大人の「声出せー」を右から左に流してしまいます。

「勉強しろ！」

と一緒ですね（笑）。

自分を奮い立たせたり、仲間に叱咤激励の声を出せばチームの「雰囲気」が変わります。

その「雰囲気」は試合で「流れ」を持ってくることがあります。

その「流れ」で勝てる試合があります。

声を出すことは「勝つ」ことに繋がっています

フリーバッティングの練習中にライトを守っている選手が明らかに暑さにやられてへバッていました。

あまり声が出るタイプの選手ではありません。というか何を声にしていいのかわからないタイプの選手です。

しばらく見ていましたが、声も止まったままでした。若い時の自分でしたら、「おい！声出せ！がんばれ！」と間違いなく言っている場面です。

ライトの子の近くに言ってこう声をかけました。

私「今、何考えてる？」

選手「あっ、いや……暑いなと」

私「ホント、暑いな。で？」

選手「あぁ、暑いけど……がんばります」

私「周りを見回して、お前と同じように暑そうにしているヤツいる？」

選手「えーっと……○○がそんな感じっすかね」

私「おー、本当だなぁ、じゃあ声掛けてあげてよ。でも、声出せは禁止だからなー」

選手「えーっと……」

私「暑いけどがんばるんだろ? そのまんま自分が思っていることを言えばいいんだよ」

すると、

「おい! ○○! 暑いけどがんばろうぜ!」

大きな声で別の子に声を掛ける姿がありました。

それを受けた選手が、

「おー! がんばろうぜい! おい! ××! 暑いからってバテてんなよー!」

と別の選手に声をかけます。

周りの選手に声を掛けることによって声は回り始めます。

「こーい! こーい!」というお経のような声で、誰に向かって言っているのかわからない声ではなく、こういう声の出し方を選手にはしてほしいと思っています。

●声でプレーが変わることがある

相手がバントの構えをしました。

一塁手と三塁手が黙ってダッシュをするのと、大きな声を出してダッシュをしていくのでは、バッターはどっちのほうがプレッシャーがかかるでしょうか。

　また確認の声がないばかりに連携にミスが出たりして負けてしまうこともあります。

　私は練習で確認の声を怠った時は、声を出すことを禁止にする「ノーボイス」でやらせることがあります。

「確認の声」の重要性を子供たちに理解してもらうのにはあえて声をださないこの方法が一番だと思っています。

　声の重要性を小学生に伝えることは簡単なことではありません。

「声を出せ」と毎週言えば言うほどその効果は薄れていきます。


　声を出すメリットは何なのか、そして、声を出す理由は勝つためだ、とわかってくれた時に本当に活きた声が出るのかもしれません

精神力の正体が見えた

――精神力は、成功を信じる力＝「成信力」につながる

野球の技術だけを指導していれば、上手な選手を育て、上手なチームを作り上げていくことができるかもしれません。

ですが、緊迫した試合の場面で「ここぞ！」という時や、夏の炎天下の試合を乗り切るためには、心の強い選手を育て、強いチームを作らなくては勝ち上がっていくことができません。

つまり、技術と強さの二つを身につけたチームが勝ち上がっていくわけです。その強さは「精神力」とも呼ばれます。技術だけでも、精神力だけでもだめで、勝つためには、両方を兼ね備えておかなければなりません。

野球の技術は、野球を終えればそこまでになりますが、心の強さは野球に限らずスポーツをしていたからこそであり、社会に出てから役立つ場面が出てきます

「あの時にあんな辛いことも乗り越えられたのだから、今回も乗り越えられるはずだ」

と、学生時代を思いだしてがんばっている人も多くいることでしょう。

「お前たちは気持ちが弱いから、今から100本ノックだ！」

「お前たちは気持ちが弱いから、ずっと走っていろ！」

我々の時代とは違い、こう言われても、なかなか子供に伝わらないのが現状です。なかには何のためにこんな辛いことをしなければいけないのかと思っている子もいるかもしれません。精神力を身につけると、その先に何があるのかを子供たちに伝えることが大切です。

例えば、厳しい練習を何のためにやるのかわかっていない子供がいたとします。

「この100本ノックをがんばってやってみよう。そして、試合の時に思い出すんだ。あれだけノックを受けたんだから必ずこの場面で捕れるという自信につながるはずだ」

「走り込みはピッチャーにとって辛いかもしれない。だけど7回を持たせるのは体力だけでは厳しい。終盤、疲れた時やピンチの時に、精神力が体力をカバーしてくれる時があるんだ」

監督やコーチのそんなひと言で子供は強くなれるのではないでしょうか。

重要なのは、この厳しい練習を乗りきったら、

「勝てる」「成功できる」と強く思うことです。

つまり、「精神力」とは、「成功を信じる力＝成信力」に繫がっているのです。そして、その「成信力」を子供に持たせるにはイメージが大切です。

子供たちに「ともかく富士山に登れ」と言ってみてもイメージがわかないでしょう。

富士山の頂上から見える景色を教えてから、富士山に登ろうというのと、いいからともかく富士山に登れというのでは大きな違いがあります。

前者は山を登っている最中に辛いと思っていても、頂上に登ってあの景色を見るためにがんばるんだと思えるんですよね。

成功を信じて最後まであきらめない力が「成信力」であり、そのために心が強くなっていくのが「精神力」なのだと思います

そして、その最後まで諦めない気持ちは、我々の時代では「根性」と呼ばれていたのかもしれません。時代が変わっても、大切なものは変わらない……。

「子供たちが変わった」と言われますが、方法や言葉を変えながら、大切なものを大人が子供に伝えていくことは変わらないのだと思います。

「×（バツ）」も見方を変えれば「＋（プラス）」になる
――「－（マイナス）」のことも「＋」にすることができる

２０１８年は、韓国の平昌でオリンピックが開かれました。野球以外のスポーツが好きな私も楽しみにしていました。その中で注目していたのが、ノルディック複合ワールドカップ個人総合首位だった渡部暁斗選手でした。

平昌五輪前の最後の大会で５連勝を目指しましたが、３位に終わりました。僕が注目したのは、この後の渡部選手のインタビューでした。

普通の選手ならばオリンピック前の最後の大会で敗れると不安に感じるはずですが、渡部選手はこう言いました。

「オリンピック前の最後の大会でこういう経験ができてよかった」

今まで４連勝していたＷ杯。オリンピック前最後のＷ杯で３位という結果。オリンピック前の最後の大会で優勝できなくて不安が大きくなる……。というのが普通です。ですが、渡部選手はこの結果をプラスに考えたんですよね。

起きた結果は変わりません。しかし……その結果の「見方」を変えることはできます。

●「×」も見方を変えれば「+」になる

起こってしまった出来事をどう見るかで気持ちも変わってきます。

野球でもこういう場面があります。

あるお子さんが、

「○○コーチが怖い」

そう言ってきました。

そこに親が同調するのではなく、

「○○コーチがそれだけ言ってくれるのは、あなたのことを真剣に考えてくれているからだよ」

と子供が「×」に思っていることであっても、見方を「+」に変えていただきたいのです。

そしてそれは野球が上手になるのに必要な「+」の壁なんだからと伝えてあげてほしいのです。

お子さんが「×」の時に、親御さんまで「×」の考えになってしまうといいことはありません。

これは親御さん同士でもあることかもしれませんね。

「あのお母さんは怖そうだわ」

そう思って何となく話しづらいと思っていたけど……実際に話してみるとイメージとは違ってすごくいい人だった。

そんな経験はありませんか？

「見方」を変えると……「味方」になってくれる人が周りにいるかもしれません

どうにもならないこともあるかもしれませんが、今、眼の前にある「－」のことも、見方をちょっと変えることで「＋」にできるかもしれません。

グラウンドにいるのは一人じゃない

――チームメイトがいることの心強さ

私の教え子で、あるピッチャーの子がいました。

気が強く負けず嫌い――。

典型的なピッチャータイプの選手ではあったのですが、それがマイナスに働くことも多々ありました。ワンマンが目立つことも見受けられ、それをどう指導するべきかを考えていたのです。

ある公式戦で、彼が先発として投げていたのですが、野手にエラーが続き、失点を重ねていました。

マウンド上の彼を見ると明らかにカッカしているのがわかります。

エラーした野手が、

「わりい！」

そう言っても見向きもしません。

私はタイムをとり、マウンドに行きました。

エラーをしてしまった野手もマウンドに集まり、

「わりぃ！」

「スマン」

そんな声を彼に掛けたのですが……、

「おい、しっかり捕ってくれよ！　こっちがどれだけ大変な思いをして投げていると思ってんだよ！」

語気を荒げた彼に、

「お前……」

と言いかけた時、審判からの、

「早くしてください」

という声に私は何も言葉を掛けられないままベンチに戻りました。

ゲーム再開後、フォアボール。次の打者にはデッドボール。またフォアボール。気付くと5連続四死球になっていました。

マウンド上の彼は先ほどよりカッカした状態。ピッチャーを交代しようと思いベンチを出ようとした時でした。

「フォアボールなんて気にするな！」

一人の選手が彼に大きな声でそう言いました。

さっきエラーをした選手の一人です。

「球は走ってんぞ！」

「次は絶対捕ってやるから打たせろ！」

「ここからだ！ ここから！」

次々にエラーをした子が彼に声を掛けました。彼は少し驚いた表情を見せた後に、振り返ってこう言いました。

「打たせるぞ！ 頼むぞ！」

ピッチャーを交代しようと思った私はそのままベンチに座り直しました。

試合は負けてしまったのですが、この試合は彼の野球人生を変えた試合になったと思っています。

試合終了後のミーティングで、

「練習をダラダラしている者が、試合中にエラーをしたら責められてもしかたない。でも、お前たちはみんな一生懸命になって練習してきている。それはピッチャーのお前もそうだ。試合にミスは出る。そのミスを仲間がカバーしてくれる。それがチームだ。そういうチーム

は強くなる」

彼らにそう話しました。

試合中の仲間の声が彼を変えてくれました。

その後、エラーをした選手に、

「どんまい！　次は頼むぞ！」

そう声を掛ける彼の姿がありました。

マウンドは「独り」じゃない
野球は「一人」でやるものではない

彼がそう感じた試合になりました。

卒団式の時、

「僕はこのチームに来て〝チームとは何か〟を教えてもらいました」

そう言った彼の言葉は今でも私の胸の中にずっと残っています。

Column①

野球父あるある!

①審判講習会の朝は怒られることを覚悟していく

②審判着が似合っているか妙に気になる

③勝っても負けてもとりあえず飲み会に行ってしまう

④そして飲み会もジャージで行ってしまう

⑤活躍したら「焼肉だぞ」と言ってしまう

⑥そして会計は……母は払ってくれない

⑦試合中に自分の子がミスをすると周りに謝ってしまう

⑧試合中に自分の子が活躍するとハイタッチを求められる

⑨子供の弁当はあるのに自分の弁当は作ってもらえない時がある

⑩子供がバッティングでスランプになると
YouTubeで研究を始める

……あるある(^_^;)

第二章

野球少年の親として

母が野球少年にできる9つのこと

――子供と一緒に野球を楽しむために

①必ず玄関で「いってらっしゃい」を言う

どんなに忙しくても、たとえ喧嘩をしていたとしても、お子さんが野球に行く時に玄関まで行って、

「いってらっしゃい」を伝えてください。

「いってらっしゃい」は、「行って帰ってらっしゃい」という意味です。

「いってきます」は、「行って帰ってきます」という意味です。

お母さんが忙しくて先に家を出てしまう場合でも、

「いってきます！」と「いってらっしゃい」を忘れずに！

②技術指導をしない

スランプになって打てなくなっている我が子に、

「バッティングフォームを変えてみたらどう？」

などと安易にアドバイスや技術指導をすべきではありません。

これは父にも言えることですが、技術のことはチームの指導者にお任せすべきです。その上でお子さんと一緒に練習をして付き合うようにしてあげてください。

③体を大きくすることだけが「食事」ではない

炭水化物（米、餅、うどん）、タンパク質（肉、魚）、ビタミン（野菜、果物）のバランスがとれた食事を心がけてあげてください。

体を大きくする食事ばかりが注目されがちですが、「疲れをとる食事メニュー」も大切なことです。

また、試合の前日や当日には何を食べさせたらいいのか？　私は野球少年の母が勉強できることの一つが「食事」だと思っています。想いをたくさん「食事」にしてあげてください。大切なことは「お弁当や食事の見た目」ではありません。子供のことをどれだけ考えて作ったかという想いです。

④指導者の批判をしない

なかなか試合に出してもらえない我が子。

「○○君より、あなたのほうが絶対上手だからね！」

練習中に監督やコーチに大きな声で怒られた我が子。

「怒られても気にしなくていいわよ！」

子供の前で仲間、監督、コーチの批判や悪口を言っても何の解決にもなりません。

そして、そう思っているのは「母親だけ」ということが多いものです。

⑤悩みを打ち明けたら聞いてあげる

野球をしているとお子さんは様々な悩みを抱えることがあります。

多くの子が自己解決を目指そうとしますが、子供は時に沸騰したお湯のように悩みが吹き出してくる時があります。

そんな時はまずお母さんが話をしようとせずに子供が納得するまでじっくりと話を聞いてあげてください。

子供は「話をしてほしい」のではなく「聞いてほしい」のです。

⑥背番号に願いを込める

眼の前にある背番号は、目標にしていた背番号とは違う数字かもしれません。

ですがお子さんががんばった証です。願いを込めて縫ってあげてください。

なかには背番号をもらえなかった選手もいます。

「怪我をしませんように……」

「チームのためになりますように……」

一針一針、想いを込めて、一針入魂で！

⑦他の子と比べない

自分の子より野球が上手い子を見て、

「いいなあ。ウチの子もこんなふうにならないかなあ。何が違うんだろう」

自分の子より技術が劣っている子を見て、

「この子にはウチの子、勝ってるわ」

他人のお子さんと比べて起こる感情は、

「持つべきでない優越感」と「持たなくていい劣等感」。これらはお母さんにとって全く必要のない感情です。

⑧ドロドロのユニフォームを……

蓮の花というのは、綺麗な場所や、真水に近い環境で育てると、小さな花しか育たない植物です。

泥水が汚ければ汚いほど、大きな花を咲かせることができます。

ユニフォームを真っ黒にして帰った時、

「洗濯大変だわー」

という思いは心の中に留めて、

「今日もよくがんばったね！」

と子供に声をかけてあげてください。

ドロドロになったユニフォームは、いつか蓮の花のように大きな大きな花を咲かせるはずです。

⑨バックホームは笑顔で迎える

「いってらっしゃい」

「いってきます」

と野球に行く時に見送った我が子が帰ってきました。子供にとって今日はどんな野球の日だったのでしょうか。

「いいことがたくさんあったかな？」

「たくさん怒られたのかな？」

いいことがあったにしても、悪いことがあったにしても、お子さんは無事に帰ってきました。「ただいま」と「お帰り」は、「いってらっしゃい」と「いってきます」の約束が守られたことを表す言葉です。

お子さんの「ただいま」の声に元気がなくても、お母さんは笑顔でお子さんの「バックホーム」を迎えてあげてください。

あなたは「見守る親」か「見張る親」か
――親が先回りすることで気付きのチャンスを奪っていませんか？

ひと言で「見る」と言っても、親御さんが野球少年を「見る」時に二つの見方があると考えています。「見守る」親御さんと「見張る」親御さん。この二つの見方についてお話したいと思います。

「見守る」と「見張る」親御さんの一番の違いは、子供を信じているかどうか、だと思うんですね。

この場合の信じるというのは自分の子が、

「失敗しないから大丈夫」

と信じているのではありません。

「失敗や挫折をしてもいい」

と思っているのです。

つまり失敗や挫折をしても次に進める子だと信じているのです。

子供が挫折する前に親が手を差し伸べたり、口を出してしまえば子供は挫折を知らない人間に育ちます。

挫折を知らない人間だと親が知っているからこそ、子供が挫折から這い上がることに「見張る親」は信用を持てないのです。

ただ「信じる」というのはとても難しいことです。だから「信じよう」と想う気持ちだけで十分なのだと思います。その気持ちが「見守る」第一歩です。

●「見張る」親御さん

失敗したらこの子はどうなってしまうだろうと思うことでしょう。

だから、指導者に叱られないようにと先回りします。

「ほら！　挨拶！」

「ほら！　大きな声で！」

自分の子供が叱られないよう先に先にと見張ってしまうのです。

子供が叱られるのを見たくない……。挫折する姿を見たくない……。そういう思いから「見張る」ことを強めてしまいます。

見張ってしまう親御さんは、「失敗させないようにすることが親の役目」だと思っています。

さらに「否定」と「強制」の言葉を繰り返していきます。

「そんなことしちゃだめ！」

「言う通りにしなさい！」

この否定と強制を繰り返すと「見張る」を飛び越え「監視」になってしまいます。

●「見守る」ことによって……

転ぶと子供は痛いということがわかります。

転ばないようにするためにはどうしたらいいかを自分自身で考え始めます。そして転んだあと、自分でどう立ち上がるかを自分自身でわかり始めてきます。

普段は見守りながら、大怪我をしそうなときにだけ手を差し伸べるぐらいがちょうどよいのではないでしょうか？

見守られてきたお子さんは、野球を通して失敗や挫折を知ることによって「痛み」を知ることができます。

自分自身で「痛み」を知るからこそ仲間の「痛み」を知ることができるのです。

親御さんがしっかり「見守る」ことができていると、お子さんは自分自身の身を守る、「身守る」ことを覚えます。

それが「自立」という言葉に近づくのではないでしょうか？

見張りを強めてしまえばしまうほど自立や自主性から遠ざかってしまいます。指導者や周りの大人から叱られたり、子供が挫折している姿を見るのは親にとって辛いことかもしれません。

ですが、そこにこそ子供にとって「気付きのチャンス」があると思います。

先回りして親御さんが「見張る」ことを続けていけば、子供が気付くはずだった「気付きのチャンス」の場面を奪ってしまいます。

親が先回りしないことです。「見張る」ことをギリギリまで我慢して「見守る」時間を増やしてみませんか？

でも、この「見守る」ことが親として一番難しいんですよね。見守るより見張る方が楽ですから。

子供のためにと思っているひと言や行動が、実は子供の自立を遅くしているのかもしれません。

親という漢字は「木の上に立って見る」と書きます。野球を通して「自立」をしていくお子さんを見守っていきませんか？

子供に干渉しすぎていませんか？

――親が手助けすることが自立の妨げになっている

「過保護」と「過干渉」という二つの言葉があります。

「過保護」という言葉は耳にしたことがあると思いますが、「過干渉」という言葉はあまり耳にしたことがないかもしれません。

過保護＝子供が求めている以上のことを親がしてしまうこと
過干渉＝子供が求めていないのに親がやってしまうこと

野球の現場にいると、

「それは子供ができませんか？」

と思わず言いたくなるときがあります。

親御さんは良かれと思っているのでしょうが、結果的にそれが子供のためになっていないのではないか……。そう思う場面を少年野球のグラウンドで多く目にします。

「過干渉かも？・」と思えるチェックリストです。

①翌日の野球の準備を親がしてしまう。
②朝、起こしてしまう。
③寒いから上着を持っていきなさいと言ってしまう。
④グラウンドで脱いだグラコンを拾いにいってしまう。
⑤勝手に子供のかばんを開けて整理をしてしまう。
⑥「飲み物がなくなったら言うのよ」と言ってしまう。
⑦子供のかばんを持ってしまう。
⑧時間がないからと子供の着替えを手伝ってしまう。
⑨中学になったら○○チームに入りなさい。高校は○○高校に行きなさいと言う。
⑩親が目標を決めてしまう。

●どこまでが過干渉になるのか

もちろん学年や年齢によって違いがあるかもしれません。
親は子供に責任がありますから「～しなさい」と言わなければならない時もあります。

親ですから子供に「干渉」しなければいけない時もありますが、「過干渉」になってはいけないと思います。

どこからが過干渉になるのかという判断基準を親御さん自身が持たなければいけません。

「朝起こすことも？」

とお思いになるでしょう。

ですが「いつか」は、子供も自分自身で起きなければいけません。

社会人になっても親が起こすのでしょうか？

小学生でできないのであれば「中学生からは自分自身で起きる」ということを約束することも必要です。

翌日の準備もそうです。

「いつから」を決めなければ、翌日着ていくスーツや洋服を親が準備する「社会人」になってしまいます。

●過干渉＝先回り

チェックリストにあった10項目には共通していることがあります。

それは、「先回り」です。

子供が何かをする前に、親が事前に言葉や行動で「先回り」してしまっています。

ではなぜ、先回りしてしまうのか？

それは、「親が我慢できない」からではないでしょうか。

グラウンドでグラコンを脱ぎっぱなしにしたら監督やコーチに怒られてしまうかもしれない……。

飲み物が足りなくなったらこの子は自分で言えないかもしれない……。

そういう思いから子供がそうならないように親が「先回り、先回り」をしてしまいがちになります。

過干渉になってしまうと子供にどのような影響が出るのかというと、「自立の妨げ」です。

親は子供に、

「親がいなくなっても一人で生きていけるように」

そう願っているはずです。

●「子供のため」が「自分のため」になっている

過干渉になってしまうと子供は自ら考え、行動することができなくなります。
③の「寒いから上着を持っていきなさいと言ってしまう」を例にとると、しっかり物事を

考え行動している選手は自分で考えます。

明日は試合だ→明日の天気はどうだろう→気温は何度くらいだろう→寒そうだからシャカを持っていこう（暑いから着替えのアンダーを2枚持っていこう）。

このようにして自分で考え、天気予報を見て、自分で「判断」をすることができます。

試合の日の天候や気温は体のコンディションに大きな影響を与えます。そのことがわかっている選手は、わかっているからこそ「自分で考え行動」するのです。

我々大人は「子供のために」と思って行動をしています。

ですが、その行動のいくつかは「子供のために」と言いながら、実は「自らのために」行っているのかもしれません。

⚾これだけは守りたい親の観戦マナー

――子供にはノビノビとプレーさせたい

子供たちを応援していると熱が入りすぎて周りが見えなくなってしまう時があります。観戦マナーはルールではありません。だからこそ、一人一人、子供がノビノビプレーできる観戦マナーを心がけたいですね。

●試合中に自分のお子さんのそばに行ったり、技術的なアドバイスをしていませんか？

試合が始まれば親御さんができることは応援だけになってしまいます。自分のお子さんに試合内容の指示を出したり、守備位置を動かすのは指導者の仕事です。守備位置を動かしてしまうお父さん……多いですよね（笑）。

試合中にお子さんのそばに行き、「初球からいけよ！」「ホームラン狙っていけ！！」などと囁いたり、ピッチャーの親御さんが試合前にブルペンのそばに行きアドバイスするのもNGです。

●自分のチームのルールを押しつけていませんか？

「車の台数制限は5台までお願いします」と伝えてあるのにも関わらず規定の台数以上で来られる場合があります。

「5台でお願いしているのですが……」と話すと、「ウチのグラウンドなら7台停められるのにねー」の一言。

各チームにはそれぞれの事情があります。試合相手のチームやグラウンドを提供してくださったチームに合わせなければなりません。

●相手チームへの野次

自分のチームがフライを打つと「落とせ!!」と叫んだり、相手ピッチャーがストライクが入らなくなると「ストライク入んないぞ!!」と相手チームのことを言いだしてしまう親御さんがいらっしゃいます。

大人が相手チームの子どもを動揺させようとして言っているのは聞いていて気持ちのいいものではありません。

相手チームにももちろん失礼ですが、何よりもその姿を見ている自分の子供にいい影響を与えません。

●試合前と試合終了後の挨拶をしていますか？

選手・ベンチだけでなく、「いいチーム」と呼ばれるところは親御さんも必ず立って挨拶をしています。相手チームや審判の方に一礼をすることは選手だけでなく父母もしたほうがいいと私は思っています。挨拶をしないにしても、この時に、おしゃべりをしてペチャクチャするのは見ていて気持ちいいものには見えません。

●審判さんのジャッジに「エー！」「○×△◆」などと言っていませんか？

確かにこう言いたくなる時もあるでしょう。しかし、審判にこれらの言葉を言っても自分のチームの印象が悪くなりマイナスになるだけです。そして、審判への抗議権を持っているのは監督です。父母の方に抗議権はありません。

●結果論を言っていませんか？

「あの時、○○させれば良かったんだよ〜」みたいな結果論は誰でも言えます。どのチームも、その時のベストだと思う采配をしているはずです。自分のチームを負けさせようとしている人はいませんから。そして、選手を一番見ているのは監督・コーチですから。

ベンチにはベンチの考えがあります。いいボールを見逃すと「絶好球だろ！　いけよ！」

という声を耳にします。ベンチから「待て」のサインが出ている場合があります。待てのサインだから見逃しているのに親御さんからそのような声があると子供はいい気持ちしません。

ポテンヒットが何本か続くと「外野は前だろー！」という声も耳にします。ベンチから「シングルヒットはオッケーだから、外野は深めでいいという指示が出ている可能性もあります。

その時々の局面ではなく、指導者は試合の何日も前から試合のシミュレーションをして臨んでいます。

●弟や妹を放置していませんか？

試合に弟さんや妹さんを連れて来られる方も多くいらっしゃいます。大変だと思いますが、試合に熱が入りすぎ、弟さんや妹さんをほったらかしにしている方を時々、お見かけします。遊んでいる場所がグラウンドに近ければボールに当たって大けがをする可能性もあります。

マナーというのは「常に相手の心の動き」に意識を向けるものです。この場面で自分がどのような行動をとれば相手が心地よく感じるのか、と。この場合の相手っていうのは、自分のチームはもちろん相手チームや審判でもあります。みなさんもお子さんに言いますよね、「マナーを守りなさい」と。

⚾子供が親に「してほしい応援」と「してほしくない応援」

――一番身近なサポーターだからこそ考えたい

チームのお母さんにこんな話をされたことがあります。

このお母さんは兄が卒団し、弟もうちのチームに入団していました。とても元気な方で兄の時は、

「がんばれー！」

と母の中でも大きな声で応援する方でした。

しかし、兄に、

「大きな声で応援するのは恥ずかしいし、気が散るからやめてほしい」

と言われてしまったそうです。

そこで、このお母さんは、

「大きな声で応援することだけが応援ではない。しっかり見守ろう」

そう思って弟の時は声を控えめにして応援していました。

すると弟が、

「お兄ちゃんの時はあんなに応援していたのに僕の時は応援してくれない……」

と言われてしまったそうです。

母の我が子を応援する気持ちはもちろん同じなのに、と苦笑いをしながらそのお母さんが話してくれました。

もちろん子供自身が周りの声を気にしないようにすることも必要ですが、小学生にはなかなか難しいことなのかもしれません。

子どもたちには、「してほしい応援」と「してほしくない応援」があります。

応援は野球少年に元気を与えるものでなければいけません

自分が言いたい言葉より、相手が元気になる言葉を掛けてあげることが「プレーヤーズファースト」の応援です。

そして、この兄弟のように子供によっても「してほしい応援」「してほしくない応援」は異なってきます。

「期待しているからね」

「ホームラン打ってね！」

こういう自分の言いたい言葉で応援するよりも子供がどんな言葉や応援だったら喜ぶのか？一度、お子さんに聞いてみることもいいかもしれませんね。

ウチのピッチャーは、

「楽に！　楽に！」

という応援も、

「こっちは楽に投げてんだよ！」

と思っているからあまり好きではないという意見もあれば、

「よし！　リラックス！　リラックス！」

というほうがリラックスできるから好きだという意見もあり、二つに分かれました。

また、試合後はどうしても勝敗に目が行きがちになってしまいますが、

「全力疾走がしっかりできていたね」

「いい声が出ていたね」

試合でできたことや取り組んでいたことを認めてあげることも大切です。

ついつい、できなかったことや悪い点を探してしまいがちですが、勝っても負けても子供を応援する。

それが子どもの一番身近なサポーターとしてできる親の声掛けだと思います。

グラウンドは「親の背中を見せられる場所」かも

――一生懸命な姿は子供の胸に何かを感じさせる

今の小中学生は我々の頃に比べて忙しい毎日を送っています。

野球以外にも塾や習い事……。

時に今の子は仕事をしている親より遅い時間に帰ってくることもあります。

私の父はすでに他界していますが、いわゆる「昭和の男」でした。自営業だったので忙しく、私の野球もほとんど観に来ることはありませんでした。

毎晩、遅く倒れ込むように帰って来る父の姿を見て、

「仕事が忙しくて大変なんだな」

と子供心にそう想い、家族のために一生懸命働いてくれている父の姿に感謝していた記憶があります。

それは「親の背中」を見てそう思ったわけです。

今の子供に「親の背中」はどう映っているのでしょうか？

そもそも忙しい現代の子供たちに「親の背中」を見る時間や余裕といったものはあるので

しょうか?

昔はお給料を給料袋で手渡ししていたのが振り込みに変わった……そんなことも関係しているのかもしれませんね。

●大きくなったときに思い出す父の背中

少年野球や中学のクラブチームはたくさんの保護者の方の協力で成り立っています。お当番などで決められていることなのでグラウンドに来てくださる方もいれば、御厚意からグラウンドに来てくださる方もいらっしゃいます。

お父さんはグラウンドに来て、慣れない審判をやり、慣れない手つきでネットの補修をやり、慣れない手つきで砂を入れる。

平日はなかなか忙しく帰りも遅くて会えず、話す会話も少なくなっている父と子。子供と一緒に過ごすことができる週末のグラウンドは「親の背中」を見せられる場所なのかもしれません。

審判をやって上の審判の人から怒られているお父さん。

不器用でネット補修なんて得意なはずではないのに必死でネットを直しているお父さん。

その父の姿は、傍から見ればかっこよくはないのかもしれません。

ですが、我が子のために、お世話になっているチームのために……その姿は子供の胸に何かを感じさせるのではないでしょうか。

その何かを感じるのは「今」ではないのかもしれません。

ずっとずっと先のことなのかもしれません。

私もこの年齢になって亡き親父の姿を思い出すのは、家族のためにがんばってくれていた姿です。

見慣れなかった父の審判着姿。

慣れない手つきでしてくれたネット補修の姿。

きっと子供たちは大きくなった時に、父のそういう姿をふと思い出すことになるのではないでしょうか？

今は子供の目には「かっこいい姿」に映っていないかもしれません。ですが「親の背中」はしっかり見せられているはずです。

⚾うちの子、誉めるところがないんですが
――結果ではなく経過を見てあげる

「うちの子は誉めるところがないんです。正直、野球も上手くありません。グラウンドでも叱られることが多く……家でもついつい叱ってしまいます」

先日、このようなメッセージをいただきました。

「誉める」ということは「結果」ではなく「経過」で……だと思っているんですね。

子供が何もしていないのに「誉める」ということは「おだてる」ことになってしまいます。


子供ががんばっている姿があってはじめて「誉める」ことが出てきます

いろいろなご家庭があります。ご家庭の数だけ教育方針も違います。お子さんのタイプによっても違うでしょう。

「うちはめったなことでは誉めない」

というご家庭もあるでしょうし、それはそれで一つの「愛情」だと思います。私の父も、

私を誉めることはほとんどありませんでしたが「愛情」は感じていました。

この親御さんのように「誉めるところがない」というご相談をよくいただくのですが、本当にそうでしょうか？

「がんばって続けているもの＝経過」がどんなお子さんにもあると思うんですね。

毎日の素振り、毎週書く野球ノート、道具の手入れ、毎週金曜日に次の日の準備をする。

そんなことはどれも当たり前じゃないかと思うかもしれません。ですが、こういう当たり前のことができていない野球少年もいます。

要は親が子供の何を見るのか
親が子供のどこを見るのか

ということが大切なのではないでしょうか。

素振りをしないで生まれたヒットは偶発的なものが多く、長くは続きません。経過がないものに本当の意味の結果は生まれません。

毎日毎日素振りをして生まれたヒットだからこそ親も子供も嬉しいはずです。

「毎日素振りをしたからだね」

ヒットを打った結果ではなく、ここでも経過で誉めてあげることができます。

道具の手入れをしていれば「物の有り難さ」がわかります。

野球ノートを書いていれば「考えることの大切さ」もわかります。

これらを継続していることも十分誉めることに値するところなのではないでしょうか？

「子供の行動にないもの」を無理矢理に誉めることは私も好きではありません。

ですが、皆さんのお子さんも継続してがんばっているものがあるはずです。ひょっとすると親御さんが見過ごしているのかもしれません。見ていたのに気が付かなかったのかもしれません。

「言えば光る」と書いて誉める

お子さんががんばって継続しているものを誉めるからこそ、キラキラ光るのです。

子供が何もしていないのになんでもかんでも誉めるというのは、どうかと思いますが、

「誉めるところがない」

というのは、ひょっとすると見る側に「誉める眼」がないのかもしれません。

子供の応援に「行かない」と「行けない」は違います

――自分の環境の中でできる応援スタイルでいい

応援スタイルは十家十色。選手の数だけ家庭があります。そして、その家庭で子供を応援するスタイルは違います。

そこに正解はありません。

毎週、熱心にお子さんの練習を見学されているお母さんもいます。僕も、なるべく、子供の練習を親御さんに見ていただきたいと思っています。

ですが、毎週、見に行きたくても見に行けないご家庭もあります。

週末に他の兄弟の用事があるご家庭、週末に仕事があるご家庭、親一人で育てているご家庭。グラウンドへ応援しに行きたくても行けないご家庭もあります。

野球をしているお子さんの数だけいろいろなご家庭があります。

「行かない」と「行けない」は違います。

毎週末に、練習を見て子供の姿を見るのも、もちろん、応援の一つです。

子供のために、がんばって仕事をしているのも応援の一つ。

グラウンドには行けないけど、帰ってくる我が子のために、美味しいご飯を作って待っていてあげるのも応援の一つ。

温かいお風呂を用意して待ってあげているのも応援の一つ。

一部、保育所のような気持ちでお子さんをチームに預けているご家庭もあるかもしれませんが、見に行きたくても行けないご家庭もあります。

お当番などもそうですね。

「やらない」と「やれない」は違います。

応援する気持ちがあれば、毎週、応援に行けないからと肩身が狭いと感じる必要はないと思うんですよね。

周りの人間が肩身を狭くするような状態にしていることがあるかもしれません。

ご自分の環境の中で、ご自分の応援スタイルでお子さんを応援すればいい。

応援っていうのは利害関係なしで、ただがんばっている子供を「応援したい」という気持ちです。

だから、応援に行きたくても行かれない親御さんや、お当番をやりたくてもやれない親御さんを、周りの大人が「応援」してあげられるチームでいたいですね。

その一言は「想い遣り」なのか「重い槍」なのか

―「子供のため」は本当に子供のためになっているの？

想い遣り……とは本来、自分のところにある「思い」を他の人のところに「遣って」その人の身になって考えたり感じたりすることです。そう思うことによって本当の優しさや愛情が生まれてくるのではないでしょうか。自分にある「思い」が「相」手を「心」で考えることによって漢字の通り「想い」に変わって気遣う……だから「想い遣り」だと思うのです。

①チームの親同士の想い遣り

試合に出ている選手がユニフォームを泥々にしました。その親御さんが一言。

「もうあんなにユニフォーム汚して！ 洗濯が大変だわっ」

試合に出ている選手がエラーを連発してしまいました。その親御さんが一言。

「もう交代させてほしいわ！」

何気ない一言です。でも試合に出ていない親御さんが聞くと、この一言は「何気ない一言」ではなくなってしまうかもしれません。悪意がないからこそサラッと口にした一言が傷つけてしまうこともあります。

同じチームで仲良くなったからこそ、身近な人にほど、言葉が甘くなってしまうこともあります。

この言葉を受け取った側はどうでしょう。この言葉が気になってしまったということは「レギュラーでない」ということに敏感になっているのかもしれません。だからこそ、何気ない一言を敏感にキャッチしてしまうのかもしれません。

立場が違うことによって話す方も受け取る方も捉え方が変わってくることがあります。言葉を発信する方は相手の立場を考える心遣いが必要ですね。

たった一言の何気ない言葉が、今までの関係を崩すこともあります

子供がそうであるように親御さんも一つの「チーム」です。そうなることによって「親御さん同士」は「親御さん同志」になるのかもしれません。

②親から子への想い遣り

我が子に愛情がない親御さんはいないはずです。ですが我が子のためにと思って言ったり行動したりしていることが、子供のためになっていないことがあるかもしれません。

周りの方に叱られる前に……叱られる姿を見たくないために、自らが先回りして怒ってしまうのは「想い遣り」とは違います。

親御さんが良かれと思っている「注意」を、お子さんは「否定」と捉えているかもしれません。

親御さんが良かれと思っている「促し」を、お子さんは「強制」と捉えているかもしれません。

否定や強制をしなければいけないこともちろんあります。ですが、否定と強制だけを繰り返していると子供の自主性や自立が遅れてしまいます。

子供がいつまでも寄りかかる親ではなく、子供が寄りかからなくてもいい親にならなければいけません。子供のためにと思っている「想い遣り」が、子供にとっては「重い槍」になっているかもしれません。

相手の気持ちを考えない言葉や、過剰な否定と強制の言葉は「重い槍」となって相手の胸に突き刺さります
自分がこんな時にこんなことを言われたらどう思うかな……。そう考えることによって、言葉の「遣」い方や、気の「遣」い方が変わってくるかもしれませんね。

親が「忙しい」と「忘れて」しまうものとは？

――感謝の気持ちはいつでも持っていたい

野球少年の親御さんは本当に大変だと思います。

お当番の日や試合の日は朝から夕方までグラウンドへ、帰ってくると夕飯の用意や洗濯、本当にお疲れだと思います。

そんな時に出てきてしまう
「忙しい」

という言葉。

母「私も忙しいんだからあなたも何か手伝ってよ！」

父「俺だって審判やってきて、忙しかったから疲れてるんだよ！」

こんな会話になったことはありませんか？

または、
子「お母さん、明日の野球のことなんだけど……」

母「今は忙しいんだから後にしてよ！」

こんな会話も、ものすごくわかります。

野球少年を持つ親御さんは自分の仕事や家事、やっとゆっくりできると思った休日は野球。だけど「子供ががんばっているから」と思って一生懸命なんですよね。

それでも余裕がなくなってしまう時があります。「忙しい」という漢字は、りっしんべん（心を表す部首）に亡くすと書きます。

つまり、「心を亡くす」と書くのです。

私はよく子供に「辛くなったらプラスの言葉を言いなさい」と話しています

「もうだめだ」と思ったら「まだまだこれから！」

「いまさら……」と思ったら「いまから！」

「どん底」と思ったら「這い上がるチャンス」

マイナスな状況の時こそプラスの言葉を言うことで「心の持ちよう」だと前向きに変わってくることってあると思います。

「忙しい」と思ったら「充実している」

そう思えることで心に余裕ができるかもしれません。

「忘れる」

この漢字も
「心を亡くす」と書きます。

忙しくて余裕がない時に忘れてしまうことってなんでしょうか？

それは……、

「感謝の心」

だと思うのです。

普段なら感謝の気持ちがあるのに、

「自分はこんなに頑張っているんだからそれくらいやってよ」

「私だって忙しいのよ」

「なんで私ばっかり……」

と、まるで忙しさを理由にすることが当たり前のようになっているのかもしれません。

忙しいと思った時こそ「感謝」の気持ちを持つことが大切なような気がします。そして周りの人たちは「心を亡くさせないように」気遣いすることも必要ですね。

今回は何だか国語の授業みたいになってしまいました……（笑）。

⚾その「助け船」に子供は乗せなくていい
――「良かれ」が「与かれ」になっていませんか？

少年野球の現場で、こんなことがあります。

「飲み物がなくなった人は言ってねー」

休憩時間に子供のそばに行ってお母さんが子供に声を掛けています。

「お箸を忘れた人は言ってねー」

お弁当の時間に子供のそばに行ってお母さんが子供に声を掛けています。

「飲み物がなくなったので持ってきてください！」

ある子がこう言ったのでその子を呼んでお説教をしました。ですが、これは大人側も考えなければいけない問題だと思うんですよね。

お母さんに悪気はないと思います。気を遣っての言葉でしょうが、飲み物がなくなれば自分で言ってきます。お母さんが子供のそばにジャグを持っていき、

「飲み物がない人は言ってね」

という必要はありません。お箸を忘れても同様のことが言えます。

自分のことは自分でする
自分のことは自分で言う

これが基本ですよね。

良かれと思っていることでも子供のために与えすぎではないかということもあります。

大人の言葉の与えすぎ、大人の行動の与えすぎ。

「良かれ」と思っていることが、与えすぎの「与かれ」になっていることもあるのではないでしょうか？

●野球少年のサポートとは？

自分から何も言わなくても飲み物が出てくる。快適すぎて、そこから抜け出せなくなるから、自立心が養われない……。

与えすぎは子供の成長にはマイナスですが、当の子供たちにとっては快適なことかもしれません。

しかし、与えすぎる人というのは「ありがた迷惑」であるケースが多い場合もあります。

「良いことをした」

「相手に気を遣った」

「相手を喜ばせた」

という満足感に浸りたいだけの方もいらっしゃいます。

自分の気持ちよりも優先させなければいけないのは子供のことです。

家で子供が親に、

「飲み物を持ってきて」

「お箸を持ってきて」

と言いますか？

もし、可愛さ余りでしてしまっていたら、それは「子供のため」になっているのでしょうか？

なんでもかんでも身の回りのことをしてあげてしまうことは「サポーター」ではありません。

私は親御さんに、

「子供ができないことだけをサポートしてあげてください」

そうお願いしています。

学年によって違いはありますが、グラウンド整備も、倉庫の片付けも子供はできます。

●大人が待ってあげることが大切

少年野球のグラウンドにいて、

「大人が手と口を出しすぎ」

ではないかと思う場面ばかりです。

グラウンド整備も倉庫の片付けも、大人がやったほうが早いに決まっています。

ですが、時間がかかっても「子供ができること」です。

飲み物がなくなったり、お箸を忘れても、自分から言ってくることを待ってあげることがまずは大切ではないでしょうか？

大人が手や口を出したからやることが早いのではなく、何でもかんでも「助け船」を出すのではなく、大人が我慢して「待つ」ことも大切です。

子供にとっての「良かれ」と「与かれ」……その差は子供が「できること」には大人が手や口を出さないことだと思っています。

子供ができることは大人が手を出さない

――グランドを平らにすることで感じることがある

年中夢球というのはもちろんペンネームです。

私の本名は本間一平といいます。

漫画に出てくるぐらいしかない名前で、幼少の頃はあまり好きではありませんでした。

昔、今は亡き親父に「何で一平って付けたの？」と聞いたことがあります。

親父は、

「本当はな……心が平らな人間になりますようにっていう想いを込めて心平にしようと思ったんだけどな、みんなの心を平らに、一つにできる人間になってほしいという想いを込めて一平にしたんだ」

酒を飲みながらそう話してくれたことがあります。実はずっと忘れていたのですが、最近あるときにこの言葉を思い出します。

それは「グラウンド整備」の場面。

少年野球の現場にいるとよく大人の方がグラウンド整備をする場面を見かけますが私のチ

ームでは選手自らがグラウンド整備を行います。

しかも、かなりの時間をかけます。

親御さんからは、

「子供の練習時間を増やしてあげたいからグラウンド整備は私たちが行います」

というお声もいただきます。

お気持ちはありがたいのですが私は、

「子供の手でやれることは子供の手で行う」

という信念を持っています。

そして、「グラウンド整備も練習の一つ」だと考えています。

グラウンド整備をすることによって、デコボコのグラウンドを平らにすることで思いきったプレーをすることができます。

つまり、グラウンド整備という練習は「技術の向上」に結び付いています。しかし、「技術の向上」だけではありません。

デコボコのグラウンドを平らにしようとする心は様々な「気付き」を子供たちに与えてくれます。

「あっ、ここは特にデコボコだな。これじゃアイツが怪我しちゃうかもしれない」

そんなふうに仲間を想う「心」を持つことができます。


デコボコのグラウンドを平らにすると……心も平らになるんです。

心が平らになると……周りが見えるようになるんです。

周りが見えるようになると……気遣いができるようになるんです。

気遣いができるようになると……心が優しくなるんです。

親父が付けてくれた「一平」
今では大好きな名前になっています。

野球人生の始まりは母から
――野球をやってくれたから感じた嬉しさ

卒業シーズンを迎え、新たなスタートを切る子供さんも多いことでしょう。

少年野球を終え、中学野球が始まる選手。中学野球を終え、高校野球が始まる選手。期待と不安の中、新しい生活を始める子供さんにはがんばってほしいですね。

そして野球少年の「始まり」にはいつも母の姿があります。

女が土台と書いて「始まる」

彼らの人生の始まりだった出産も母から始まっています。

出産する前から母のお腹にいた子供たち、そう考えると父より10か月前からお腹で一緒に過ごしてきた母に、父は叶わないなあと思ったりもします。

野球少年の人生の「始まり」は母からスタートしました。へその緒で繋がっていた我が子は自分の分身なのかもしれません。

そして彼らの人生の始まりは自分が「母」になった「始まり」でもありました。

●野球少年の一日の始まりは母から

母たちは生活の土台でもあります。

子供たちの健康の土台となる食事を作ることから一日が始まります。

一日の始まりである朝食。栄養を考えて、今日一日しっかり乗り越えられますように……。

そんな想いを込めて母の一日は始まります。

朝食を作り終えると今度はお弁当作り。お弁当を食べる時間があまりないかもしれないから丼ものがいいかな？ お肉ばっかりじゃなくて野菜も入れてバランス良くしよう。

母の一日の始まりはお昼まで繋がっています。子供たちを送り出すと、洗濯を干したり、部屋の掃除をしたり、お仕事に行かれるお母さんもいらっしゃるでしょう。

一日が始まったと思ったらもう子供たちが帰ってくる時間。

今度は夕食を何にしようか考え、また子供の健康のことを考え夕食を作り、泥々になったユニフォームを洗濯する。

時には背番号を縫うときもある。気づくと子供たちは寝て、夫も寝て、自分一人に……。

疲れ果てて夕食の食器を洗わずに寝てしまうこともある。

自分の分身だと思っていた我が子が、時に反抗したり、不愛想になったり。意思を持ち始めると自分の分身ではなく、一人の人格を持ったことがちょっぴり寂しくもある。

●嬉しいという漢字は……

時に我が子が野球をしていなかったら、こんな朝早くに起きる必要もないし、週末だって自分の好きなように時間を使えるのにと思うこともある。

でも、あなたが野球をしてくれたから、あなたが野球で喜ぶ姿を見るのがとっても嬉しかった。

女が喜ぶと書いて「嬉しい」

母を喜ばせるのは、我が子のはずです。

子供の人生の始まりは母の出産から始まります。そして、同時にそれは母の始まりでもあるのです。

入学式、入団式、結婚式……子供のこれからの「始まり」には、いつも、母がいます。

⚾ ハイヒールがスニーカーに変わった日
――いつかユニフォーム姿が見られなくなる日まで

野球少年のあなたへ

あなたが野球をしたいと言い出した日から、
服はブランド品からチームTとジーパンへ変わりました。

あなたが野球をしたいと言い出した日から、
靴はヒールからスニーカーへ変わりました。

あなたが野球をしたいと言い出した日から、
深夜まで遊んでいた週末は
平日より早く起きる週末へ変わりました。

あなたが野球をしたいと言い出した日から、
流行りの歌にはついていけなくなったけど
応援歌には詳しくなりました。

あなたが野球をしたいと言い出した日から、
恋愛小説ではなく、
栄養学の本をたくさん読むようになりました。

あなたが野球をしたいと言い出した日から、
お化粧にかける時間も少なくなり
シミも増えました。

でも……あなたが野球をしてくれたおかげで
お化粧より素敵な笑顔が増えました。
一つ一つのシミもあなたと私の野球史の証。

野球のルールもわかるようになり
スコアまで書けるようになりました。

人前で話すことが苦手だったのに
アナウンスもできるようになりました。
あなたを夢中にしている
野球を少しでも知りたいから。

私はバッターボックスに立てません。
マウンドにも上がることはできません。
だから、あなたが帰ってきて元気がない時に、
あなたの大好きなおかずを
明日のお弁当に入れておこう。
どろどろになったあなたのユニフォームを
真っ白にしてあげよう。
言葉をかけることが

難しくなってきた年齢だから……
お弁当やユニフォームに私の「願い」を込めています。
私はあなたを応援することしかできませんが
あなたを応援できることが何よりも元気の源です。

高校野球最後の日に……
あなたはグラウンドの中にいないかもしれません。
ベンチなのかもしれないし、スタンドなのかもしれません。
でも一生懸命がんばったあなたを誇りに思っています。

がんばったあなただからこそ……
最後は、置かれた場所でめいっぱい大輪の花を咲かせてください。
高校野球を最後まで続けてくれたあなたは
「高校球児」であり「孝行球児」なのですから。

野球少年少女のお母さん、
辛いこともたくさんあると思います。

歩くのに疲れてしまったら
少し止まりましょう。
歩くという漢字は少し止まると書きますから。

ですが、お子さんの前では「笑顔」で。
お母さんの笑顔がお子さんを元気にしてくれます。

お子さんの笑顔で
お母さんは元気になれますよね。
そして言葉には照れくさくて
出さないかもしれませんが、
お子さんはお母さんに必ず「感謝」しているはずですから。

全国のお母さん……
これからも野球少年のために
「顔晴り」ましょう！

野球に対しての我が子の真剣な眼、
野球に対しての我が子の笑顔。

そんな表情を見られる「今」が
とても大切です。
いつかユニフォーム姿が
見られなくなってしまう日が来ます。
その時までどうぞ母子の「今」を
大切にしてくださいね。

Column②

野球母あるある!

①コーチや監督のコーヒーが
無糖か、微糖か、加糖かが全て言える

②なぜかアンダーアーマーはおしゃれだと思ってしまう

③スコアを書いていて難しいプレーになると文字で書く

④当番の日は力尽きて外食が多くなる

⑤2日連続の試合は洗濯が間に合うかどうかでドキドキする

⑥アナウンスの日の前日は緊張して眠れない

⑦夏場はこれでもかっていうぐらいに
氷を持っていくのに足りなくなる

⑧「落ち着いてー」という母の声が一番落ち着いていない

⑨洗剤とポットの話には熱くなる

⑩兄弟で野球をしていると誰のストッキングかわからなくなる

……あるある(^_^;)

第三章

少年野球の指導者として

「こっちはボランティアなんだ！」

――子供から勇気や元気をもらえるからがんばれる

「こっちは、ボランティアでやってるんだ」

何かトラブルがあったときにこの言葉を使う指導者の方を時々見かけます。

「お金をもらっているわけじゃないんだ」

「野球を教えてやってるんだ」

確かにいろんな親御さんがいらっしゃって、こう言いたくなる気持ちがわからなくもありません。

チームにトラブルが起こり、つい言いたくなることもあるでしょう。

仕事を無理したり、自分のご家庭に使う時間を少なくして指導している皆さんには本当に頭が下がる思いです。

だからこそ、この言葉を自分自身で使ってはいけないと思うのです。

子供から見れば皆「コーチ」です

「ボランティアだから……」

私は少なくともこの考えはないんですね。

子供の立場からしてみれば、プロのコーチだろうと、ボランティアのコーチだろうと、「コーチ」であることに変わりはありません。

本来の目的はなんでしょう？　全ては子供のためのはずです。指導者のために子供がいるのではなく、子供がいるから指導者をやらせてもらっていると僕は思っています。

「ボランティアだから」というのなら、お金をもらったら一生懸命やるのでしょうか？　ボランティアでは子供に指導できないのでしょうか？

指導者の皆さんも普段からこんな思いで指導をしている方はいらっしゃらないと思うのです。ただ何かの時に、売り言葉に買い言葉で思わず使ってしまうのではないでしょうか。

指導者という立場はとても責任が重いものでもあります。だからこそ大変なこともたくさんあります。

「ボランティアでやってもらっていて……」

というのは親御さんが使う言葉です。

「仕事で疲れて……」「家庭サービスもしなくてはいけないのに……」と思ってもグラウンドへ向かうのはなぜでしょう。

子どもの笑顔や、先週より上手になった子どものプレーを見ることが指導者としての何よりの楽しみの一つだからですよね。

確かにお金をもらっているわけではありません。

ですが、子供たちから、お金にかえられないものをたくさんもらっています。

「希望」

「笑顔」

「元気」

だからこそ、我々指導者も、子供たちに、「希望」「笑顔」「元気」をたくさんあげていきたいですね。

●子供の○○のために

野球の指導者にライセンス制度はありません。

それだけに指導者はたった5分のことを説明するために何時間も勉強しなくてはいけないのです。

週末のために、仕事の合間を見て一人の子供のことを考える。

「どうやったらあの子のスローイングは直るのだろう」

「どうやったらあの子の打ち方を直すことができるのだろう」

指導者の皆さんは一生懸命考えておられるのだと思います。

そんな時に、きっと、そのお子さんの顔を想像しながら考えていますよね。そして、その先にはそのお子さんの笑顔があるはずです。

指導者をしていると本当に辛いことがたくさんあります。でも、「子供の笑顔のために」と思えることでがんばれるはずです。

子供に勇気や元気を与え、子供から我々も勇気や元気をもらえるから、がんばれるのだと思います

そして、いつの日か成長した教え子の姿を高校野球で見ることを楽しみに……指導者の皆さんがんばりましょう！

「指摘者」ではなく「指導者」でいたい
――指摘→確認→指導が指導者の役目

我々は「指導者」と呼ばれています。

「腰が高い！」

「バットが下から出てる！」

「グローブが上から落ちてる！」

指導者の方がこれらの言葉を言った場合、子供たちは何と言うでしょうか？

では、「グローブが上から落ちてる！」を例にとってみましょう。

こう言われたほとんどの子供が元気よく、「はい！」と返すのではないでしょうか。

「言われたことには返事をしなさい」

と指導されている子供たちは、「はい」と返すしかありません。ですが、心の中で、

「あら？今の俺、グローブ上から落ちてたかな？」

ひょっとすると自覚すらないかもしれません。

「どうやったら直るんだろう」

そんなことを考えているうちにまた自分の順番がやってきます。

「さっきと同じじゃねえか！」

指導者からすると、「はい！」と返事したからわかったのだろうと思いこみ、「言ったのにやらなかった」ということで、グラウンドから出されたり、やる気がないと見なされてしまうことがあります。

ではなぜこのようなことが起こってしまうのでしょうか？

●気付いていないのか、やれないのか、やらないのか

「指導者」の方からすれば、「グローブが上から落ちてる」と何度も言っているのに子供が「やらない」と考えてしまっているわけです。ですが……、

①グローブが上から落ちている自覚がない
②グローブが上から落ちている自覚はあるが直し方がわからない
③直し方もわかっているのに体が反応しない
④やろうとしない

子供からするとこの4つに分けられます。

我々は「指導者」です。「指摘者」ではありません。

「腰が高い！」「グローブが上から落ちてるぞ！」こういう指摘は誰でもできます。

その状態を子供が自覚しているのか、それを直すためにどういう言葉が必要なのか、それを直すためにどういうメニューが必要なのかが重要です。


「指摘者」で終わっているのか？

「指導者」になっているのか？

皆さんはどちらでしょうか？


グローブが上から落ちる子がいたら、私はこういう選手を別メニューで呼びます。

「グローブを上から落とさない」

目的はこれのみのノックです。捕る、捕らないが目的ではありません。ですから、

「捕る、捕らないはどうでもいい。捕ることに夢中になるな」

必ず子供にそう伝えます。ノックを始めると一球一球確認。

「今のは？」

「上から落ちました！」

まずは自覚があるかどうかですね。

「ボールとグローブを点と点で合わせようとするな！　そうすると上から落ちるぞ！」

「グローブは面。ブルドーザーみたいなイメージでこい！」

「ボールと一緒に砂をとってこい！」

その後に「指摘」ではなく「指導」に入っていきます。

子供が過去の自分と会話をしだします。

しばらく続けると、僕が言わなくても彼らは自分と自分で「会話」を始めるんですよね。

「上から落ちた」

「点と点で合わせようとした」

グローブを下から出す動きをしたり、ステップの確認をしたり、首を傾げる子。

「あー、ちきしょう！」と悔しがる子。

今までグローブを上から落としていた「自分」と、これから変わろうとしている「自分」との戦いです。

こういう戦いが子供を成長させていくのだと思っています。

「そうやってどんどん過去の自分と話せ！」

と選手に声をかけます。

でもそう言って簡単に治るものではありません。それは、何年もそうやってきたわけですから。

個別で1時間ノックを打って、そこだけを「指導」、自分で「会話」をすると間違いなく「意識」は変わります。

「指摘」だけで終わらせるのではなく、「指導」まで行う。そして、子供にとことん付き合う
「グローブが上から落ちてるぞ！」

「腰が高い！」

だけでは子供たちはどうしたらいいのか、わかっていないのかもしれません。

子供を叱る「優しさ」と「易しさ」の違い
――本当の厳しさを持った人間は優しさを持った人間

親として厳しい言葉を子供にかける時があります。

指導者として厳しい言葉を子供にかける時があります。

厳しいという漢字の中には「敢えて」という漢字が入っています。皆さんも、「敢えて厳しいことを言うけど……」と言ったりしませんか？

この敢えては、当然のことながら、子供を想っての「敢えて」でなければならないわけです。

「敢えて」がなくなると、自分の感情だけになり、いわゆる「叱る」ではなく「怒る」というものに変わってしまいます。

指導者ならば、自分の感情をコントロールできずに、子供の気持ちを考えずに、自分のために、自分の言いたいように、自分の感情がすっきりするために「怒る」のではなく、子供のために、子供に伝わるように、これからの子供のことを考えて「叱る」必要があるのではないでしょうか。

喜怒哀楽という人間の感情のなかで、この「怒」という感情が一番コントロールするのが難しいのかもしれません。

厳しい言葉や厳しい練習の裏返しは、子供を想ってのことでなければなりません。そうなると、子供から見て、信頼されているかどうかがとても大切になってきます。それは、言葉だけでなく、普段からの指導者としての立ち姿も必要です。

グラウンドに入るときの一礼や、グラウンドに落ちているゴミを拾うこと、挨拶は自ら行う……そういう姿も子供は見ています。

「俺たちにはいろいろ言うくせに、コーチはやっていないじゃないか」

と子供は心の中でそう思っているかもしれません。

そういう眼で見られてしまうと、厳しいことを言っても説得力がなく、子供も心を開かないでしょう。

野球の技術的なお手本も必要ですが、プレー以外のこういうお手本を見せることも指導者には必要なことです。そういう指導者に言われた厳しさだからこそ、子供も聞く耳を持つのではないでしょうか。

厳しさの中に「敢えて」があれば、子供に対する言葉遣いも変わってくるはずです。

●子供を叱るのも優しさです

そして、厳しさの中に「敢えて」があれば、それは「優しさ」につながるのではないでしょうか。

本当の厳しさを持った人間は優しさを持った人間なのだと思います。

子供のことを考えずに安易に怒る指導者の方がいらっしゃいますが、それは、

子供のことを想っている「優しさ」ではなく自分の感情を容易に出してしまう「易しさ」です

一見、反対の位置にあるように思える「厳しさ」と「優しさ」ですが、子供のことを想っての行動であるならば、行き着く先は同じはずです。

⚾ センスがないで終わらせてはいけません
――球児の可能性を否定しない

「あいつはセンスがない」

僕はこの言葉が嫌いで子供に使ったことがありません。

センス……日本語にすると「感覚・感性」というところでしょうか？　だとしたら、この感性や感覚は子供のがんばりで磨かれていくはずだと思っています。

そして、その磨き方を導いていくことが指導者としての役目ではないでしょうか。

「センスがないからお前には教えても無駄だ！」

こんなひと言で子供たちの可能性を否定しまうことは指導者としてやってはいけないのです。どんなお子さんも可能性を秘めているんです。

子供の可能性を「センスがないから教えない」というひと言で終わらせるのではなく、その可能性を探り、発見し、磨かせることが可能性を大きくしていくのだと思っています。

そして、その可能性を見つけることが指導者としての役目であり、腕の見せどころではないでしょうか。

「お前にはセンスがないから教えても無駄だ」

この言葉を指導者が使った時点で子どもの可能性をなくしていることになりませんか？

●「0パーセント」と「1パーセント」は大きく違う

がんばって野球を続けることによって可能性はゼロではなくなります。これは、野球だけでなく、他のスポーツや仕事でも同じです。

ゼロでなければ「可能性」があります。

「可能性」があれば「希望」があります。

「1パーセント」と「2パーセント」では大きな差はありませんが、「0パーセント」と「1パーセント」では大きな差があるのです。

子供に可能性を持たせ、希望を持たせることも指導者として大切なことです。

「センスがない」

この言葉を子供自身が使うこともあります。

昔、卒団した子が「野球を辞めたい」と私に相談しにきたことがありました。

「なんで辞めたいんだ」と理由を聞くと「俺、センスないです」と。

中学や高校になると自分より上手な選手を目の当たりにします。

今まで試合に出ることが当たり前だったのが試合に出られなくなり、自分はセンスがないとか、やっても無駄だとこの時期に思う選手が出てきます。

「センスがないって言い切れるほど努力をしたのか。そうだったら俺は何も言わん。逆に言えば、お前は、これから、努力できることの喜びと大切さを人一倍知れるんじゃないのか」

こう伝えました。彼はその後も高校まで野球を続けてくれました。

●自分だけの器は磨かなければ……

諦めることはいつでもできます。諦めた時点で「0」になってしまいます。

大切なことはその可能性を努力して磨くことです。自分だけの器を努力してピカピカにしてほしいと思います。

「バントが上手い」「足が速い」「元気がいい」……自分だけの器が必ずあります。

それを見てくれている誰かがきっといるはずです。

大切なのは、せっかく見つけた自分らしさの素敵な器は磨かなければ必ず錆びてしまうということです。

もっと大切なことは諦めずにがんばっていれば可能性は「0」にはならないということ。

そして、「0」でなければ「希望」があるということです。

野球を教えすぎると子供は上手くならない
――やらされている野球にならないために

少年野球の親御さんにはとても熱心な方が多くいらっしゃいます。

親がやる気になることに問題はありませんが、その思いが行き過ぎてしまうと、子どもの思いとは別の方向に行ってしまうことがあります。

さらに度が過ぎると「野球が好き」という本来子供が持っているその気持ちさえ奪うことがあります。

私は子供に野球を指導する際に、

「まずは自分で考える」

ということを大切にしています。

ものすごいアッパースイングの子がいたとします。

「お前はアッパースイングだな」

とは言わずに、

「今、自分がどういう振りをしているかわかる？」

「なぜアッパーがいけないのかな?」

こんなふうに問いかけながら子供に考えてもらうようにしています。

「好きなものを自分で考えるから楽しい」と思っているんですね。

その考えたことに肉付けをしてあげたり、時には間違いを正しい方向に持っていくことが指導者や親の役割だと思っています。

本来「好きなもの」というものは自分でどんどん吸収していくはずです。子供が考えずにただ言われているだけのことをやっていれば、それは「やらされている野球」になってしまいます。

自分で考え、試行錯誤しながらやっていくからこそ野球の奥深さを知り、野球が楽しくなっていくのです。やらされている野球になっていくから子供は野球が楽しくないと思い始めてしまうのです。

逆に言うと我々大人がそうさせてしまっているのかもしれません。

●伸びる選手と伸びない選手の違い

指導現場にいると「子供に教えすぎ」の場面を多く目にします。

小学校の低学年、高学年、中学、高校と成長して伸びていく選手と伸びない選手の違いは

「自分で考える選手」と「自分で考えられない選手」として表れていきます。

例えば、ノックの練習が1時間あったとします。

「1時間もノックかよ」

と考える選手と、

「よし！　今日はステップを意識してノックを受けるぞ」

と考える選手がいました。

1時間という「時の時間」は同じですが「心の時間」が違うと吸収していくものは明らかに変わっていきます。

1時間後に得た成果は技術の差となり、この意識の違いのまま時が経てば二人の間には雲泥の差ができてきます。

教えたいことが10あるとするのならば10を教

えない方がいいのです。

学年の差はありますが、5～7ぐらいを指導し、あとは自分で考える癖を子供に付けた方が野球の楽しさを実感できるはずです。

だからこそ達成感や満足感が得られるのではないでしょうか？

好きでやってきた野球が「やらされている野球」に変わっていくと野球がおもしろくないと思い始め、野球を辞めたいと思う子もでてきます。

中学生に多く見られる現象です。

自分で考え、自分で行動するからこそ自主性のある選手に育てることができるのです。

親御さんが良かれと思って指導しすぎたり、口を出しすぎれば子供の自立を遅くしてしまいます。

自主性を身につけた子供は、やがて「自立」というスイッチを手に入れます。

子供の今だけを切り取って見てはいけない
——選手や我が子に対して「イライラ」してしまう理由

A君とB君が山登りをしました。
A君は頂上まで、1時間でたどり着きました。
B君は同じ道のりで3時間かかりました。

〈個人差①　時間〉

二人とも頂上までたどり着くことができました。頂上にたどり着いたという結果は同じです。ただ一つだけ違うこと、それは「時間」です。

A君が早く頂上に着いたことは、もちろん、評価できることですが、頂上に着いたということはB君も一緒だということをしっかり評価してあげなければいけないと思うんですよね。

逆にB君のほうが、最後まで諦めない気持ちや大成するだけのねばり強さを持っている場合も少なくありません。

我々が見るべきところは子供がその山を一生懸命になって登っているかどうか、なのではないでしょうか？

歩く速度。一歩の歩幅。子供たちの成長は様々です。

「今だけを切り取って見ないこと」です。

なかなか野球が上達しない選手や我が子に対して「イライラ」するのは、今だけを切り取って見てしまっているからです。

チームの方針である「挨拶」や「全力プレー」は、全員統一のものとして見なければいけませんが、技術的なことには個人差があるんだということを我々は再確認しなければいけません。

「野球が上手い・上手くない」で叱るのではなく、「一生懸命やっているかどうか」が誉めるところと叱るところです。

子供たちの多くは、今、山のどの辺を登っているかわからないかもしれません。

途中で山を登るのをやめようかと思っているかもしれません。

楽をして近道をしようとする選手がいるかもしれません。

そうすると、獣（おっかないコーチ）に出会います（笑）。あっ自分か（笑）。

時間に個人差があっても、我々指導者は、頂上までの道のりをしっかり導き、正しい歩き方で山を登ることを教えていかなければなりません。

〈個人差② タイプ〉

「大きな器の男になれ！」

昭和の父を持つ同年代の人はこの言葉を父親から言われたことってありませんか？　ですが、小さくても綺麗な器もあるし、形が個性的な器、いろいろな器があります。

これって、野球でも同じだと思います。

ホームランバッターもいれば、バントを決めるのが上手い選手もいる。打つのは苦手だけど、守備は抜群にうまい選手もいる。足が速い選手もいれば、元気な声を出す選手もいる。

どれも素晴らしい器です。

ただ、どの器も磨かなければ、錆びてしまう。自分だけの器をピカピカに磨いていって欲しいですね。

そんなたくさんの個性的な器を、我々指導者はグラウンドという大きなテーブルの上に並べます。どの器も「グラウンドというテーブル」には必要なのです。

誰一人いらない器などありません

全ての器がテーブルの上で強烈な個性を発している、そんなチームであり続けたいと思っています。

そして、その器をみんなが認め合う。

グラウンドの中のそれぞれの器を眺めるのが私の大好きな瞬間でもあります。もちろん苦手も克服させますが……。

そして、子供が器の磨き方がわからなくなったり、磨くのを怠けようとした時に、そばにいてあげるのが指導者、親御さんの役目だと思います。

なかなかわが子が上達しない……そんなふうに思ってしまう親御さんもいらっしゃるかもしれません。でもお子さんのゴールは少年野球ではないはずです。

「今」だけを切り取って見ないようにしてあげてください。

⑪「気にするな！」は気になる
――試合中のミスは捨てていい

試合中に選手がエラーをしてしまいました。

大事な場面で見逃し三振をしてしまいました。

「気にするなー！」と監督・コーチの声。

親御さんからも「気にしない！ 気にしない！」の声。

確かにこの「気にするな」で切り替えができる子もいるかもしれませんが、多くの選手は「気にするな＝気になってしまう」のです。

「気にするな」などの「〜するな」という否定的な言葉はマイナスキーワードです。

「低めを振るな！」と言うのであれば、

「ベルトより上を積極的に振っていこう」と話した方がいいですね。

「低めを振るな！」「エラーをするな！」と言われると、その言葉が子供の脳裏に焼きつきます。

低めを振っちゃいけないと思えば思うほど「低めのこと」ばかり考えてしまいます。

エラーをしちゃいけないと思えば思うほど「エラーのこと」ばかり考えてしまうものです。

ですから「気にするな」と、あちこちから声がかかればかかるほど「気にしてしまう」子が多いのです。


試合中に起こったミスは捨てる。スクラップしてしまう

なぜエラーをしたのか、なぜ見逃し三振をしたのか、そういう振り返りは試合後に行うことであり、試合中のミスは捨ててしまうことです。

試合中に「何でエラーしたんだ」と言っている時間はありません。

今やらねばならないことを子供に伝えなければなりません。

「次！ また来るぞ！ 準備！」

エラーしたことを取り敢えずスクラップさせて、子供が今やらねばならないことに気持ちを切り替えさせることが大切です。

●プレーヤーが元気になる声掛けを

「プレーヤーズファースト」という言葉を聞いたことはありませんか？

文字通り、選手のことを一番に考えなければいけないということです。

試合前の、

「期待しているからね」

「ホームラン打ってね」

これらの声掛けは、子供のためを思っての言葉というより、親御さんが言いたい言葉なんですよね。

「応援」というより「期待」の言葉。

何かを子供たちに言いたい気持ちはすごくわかります。ですが、この言葉をかけられてプレッシャーがかかってしまう選手がいるかもしれません。試合前の集中しているときに気が散ると思っている選手がいるかもしれません。

「自分が言いたいこと」を優先するのではなく
「選手の気持ち」を優先しなければいけないのです

ちょっとした声掛けも選手の気持ちを一番に考える「プレーヤーズファースト」でありたいですね。

「未来まで繋がっている指導者」でありたい

――「今だけの指導者」では本当の気持ちは伝わらない

夏の高校野球が始まると……引退試合を終え、壮行会など忙しい時期を迎えることになります。

私の娘がマネージャーとして最後の夏を迎えたとき、

「いよいよやってきてしまう……」

というのが正直な気持ちでした。

私は自分の教え子の高校野球の最後の夏をできるだけ見に行こうと思っています。

ありがたいことに子供たちからも、

「初戦、○月×日に決まりました！ 見に来てください！」

という連絡をもらいます。

夏だけでは間に合わないので春の大会から順番に見に行くようにしています。それでも、彼らの試合を見に行けずに夏が終わってしまうこともあります。

なぜ、私が教え子たちの試合を見に行くのかというと、もちろん「応援」したい気持ちがあるのは当たり前ですが、もうひとつ理由があります。

「この子たちがどう歩いてきたのかをこの目で見たい」

そう思ってグラウンドに足を運んでいます。リトルを卒団したあと、どのような道を歩んで来たのだろうか……。

●グラウンドでしかわからないもの

ある年の夏。教え子の石川達也を応援に行った時に、グラウンドに落ちていたゴミ袋をスッとポケットに入れた彼の姿は、僕の中では、優勝した時と同じくらい嬉しいものでした。

バントをリトル時代に何時間も何時間も付きっきりで練習していた選手が、送りバントを初球で決めた……。周りから見ればただの「送りバント」かもしれませんが、私にとっては彼からプレゼントをもらったような「贈りバント」でした。日が暮れるまでバント練習をしていたことが自然と目に浮かび、目頭が熱くなります。

リトルの時は、マウンドでいつも冷静さを欠いていた選手が、マウンドから皆に声をかける姿。周りのことを見られなかった子が、ランナーコーチャーで必死に声を出している姿。かつては中心選手だったのに、応援団として黙々と太鼓をたたいている姿。

グラウンドに行かなければ見られない教え子の姿がそこにはあります。

彼らの汗、息遣い……そういうものを五感で感じとりたい。そう思ってグラウンドに足を運びます。

そして、そういう姿を見ると「中学や高校でいい指導者さんと出逢えたのだろうなあ」と思うんですね。私は小学生を指導している「指導者」であり、子供に野球を始動させる「始動者」でもあります。

子供たちが、少年野球を終えると、中学野球やクラブチームへ、そして、中学野球から高校野球へ。少年野球・中学野球・高校野球の指導者の皆さんが架け橋となって、一人の選手が高校野球のゴールまでたどり着いたのだと思っています。

●最後の試合を見てしまうことも……

そして、彼らの夏の高校野球を見に行くと「彼らの最後の試合」を見ることもあります。指導者にとっては、教え子の高校野球の晴れ舞台を見ることはとても嬉しいものですが、最後の試合を見ることは辛いものでもあります。

試合が終わって、泣きながら挨拶に来る教え子にいつも「あれを言おう」「これを言おう」と思うのですが、出てくる言葉はやっぱり……

「ありがとうな」

しかないんですよね。

ここまで来るのは「当たり前」のことではなかったはずですから。

小学校から続けてきた多くの子供がこの高校で一つの区切りを付けます。

その最後となってしまう試合を見ることは辛いことですが、野球人生最後の涙を一緒に流せることは、ある意味、幸せなことなのかもしれません。

リトルを卒団した彼らと、その後もこうして繋がっていることが本当に嬉しく、彼らに感謝です。

「今だけの指導者」ではなく「未来まで繋がる指導者」であり続けたい。そして高校野球を終えた後もずっと「彼らの未来」と繋がっていけたらいいなと思っています。

「良い指導者」と「悪い指導者」のたった一つの違い

——応援の気持ちがないと否定の言葉ばかりが並ぶ

良い指導者、悪い指導者。

それは人それぞれに思うことがあるでしょう。

「教え方がうまい」「勝てる指導者」「野球の楽しさを第一に考える監督・コーチ」何をもって、「いい指導者」「悪い指導者」というのかは難しいところです。

ですが一つだけハッキリしていることがあります。

それは、「子供を応援しているかどうか」です。大半の監督・コーチの皆さんは野球少年を心底から応援していることと思います。

ですが、「この人は本当に子どもを応援しているのだろうか?」と思える監督・コーチがいらっしゃいます。

「お前は本当に何をやってもダメだな」

「お前は野球に向いていないから辞めてしまえ」

こういう言葉を使って子供の可能性を切り捨てている方は、子供を応援しているようには見えないのです。

応援する気持ちがあれば、

「あの子がどうやったら打てるようになるのか？」

「あの子がどうやったらコントロールが良くなるのか？」

を真剣に考え、練習メニューを考えたりしますよね？ それは子供を「応援する」という気持ちがあるからこそです。

がんばっている子供にどうにかしてあげたいという応援の気持ちがない指導者は、その子をどうしたらいいかも考えず否定の言葉ばかりを並べます。

●時には叱ることも「応援」です

「応援する」という形は決していつも誉めているということではありません。彼らの野球人生を本気で応援しているから「悪いところ」があれば叱ることもあります。

ただその「悪いところ」はエラーをしたことでしょうか？ 三振をしたことでしょうか？

僕の中では、「一生懸命やらなかったこと」が「悪いところ」です。

野球が上手い・上手くないで叱ってはいないでしょうか？ 叱るべきポイントが違います。

子供は失敗の連続です。大人だってそうではないですか？

会社に行っても子育てでも、我々は失敗の連続ではありませんか？ 子供は私たち大人以上に失敗をします。でも、何度エラーをしても、何度三振をしても、我々指導者は何度でも応援するのです。

「できた」「できない」ではないのです。「応援する」のです

一生懸命やらなかった場合は私も叱ります。全力疾走を怠った場合は叱ります。彼らの野球人生を応援しているからこそ叱ります。

「叱ることはよくない」と捉えられがちな世の中ですが、「悪いところ」を叱らずにそのままにしていることのほうが罪は大きいと思います。「見過ごし」ているだけではありませんか？ できる、できないではなく、子供を「応援すること」。その応援する気持ちから全ては始まるはずです。

逆に言えば、子供を応援する気持ちがない指導者は、子供を指導する資格がないのではないでしょうか。

そして「少年野球」という今だけでなく、中学でも、高校でも、その先も……ずっとその子たちを応援し続けていくことが本当の指導者なのではないでしょうか？

指導者心得17カ条
――すべては子供の真の笑顔のために！

「今までブログで書いてきた指導をまとめてください」というご意見をいくつかいただきました。

指導者の皆さんはそれぞれの信念をお持ちだと思います。私なんかが書くのは恐縮ではありますが、備忘録として自分自身に書き残しておきます。

あくまでも私の思う心得ですが、参考になるところがあれば幸いです。

書きながら、自分も「まだまだだなあ」と思うところもあり、再確認できました。

●少年野球指導者心得17カ条

その① 挨拶は「大きな声でしなさい」という形より「どういう意味があって挨拶をするか」という心を指導すべし。

その② 「何度言ったらできるんだ」と子供に言うのは、今の自分の指導では「何度言ってもできないんだ」と自覚すべし。

その③　大切なことは「言ったこと」ではなく
「伝わったこと」だと考えるべし。

その④　野球は楽しいものである。
だが本当に「楽しい」ものは「楽」ではないし、
「楽」なものは「楽しくない」ことを指導すべし。

その⑤　指導者が「勝ちたい」と思ってはいけない。
「子供に勝たせてあげたい」と思うべし。

その⑥　「腰を落とせー！」「バットが下から出てるぞー！」
これで終わったら「感想者」。
そこからどうやったらそれが直るかを伝える「指導者」であると考えるべし。

その⑦　叱る時には子供のことを想って叱るべし。
自分の感情が収まらなくて言っているのは怒りや怒鳴りであり
子供の心には恐怖しか残らないと考えるべし。

その⑧　否定と強制の言葉ばかりを使わないように心掛ける。
そんな言葉ばかり使うと子供が自ら考えることをしなくなり
自主性が育たなくなることを考えるべし。

その⑨　「こっちはボランティアなんだよ！」と何かことあるごとに言う指導者は、お金をもらって指導ができるチームに移籍すべし。

その⑩　試合中に大きな声で子供にどなり声をあげている指導者は、自分の指導力のなさを周りに大きな声で言っているようなものだと思うべし。

その⑪　「感謝しなさい」という前に、野球を通して感謝の気持ちを感じられる心を持つように指導すべし。

その⑫　「あいつはセンスがない」と言う前に、その子の可能性を探すべし。

その⑬　毎回「声を出せ」と言うよりどうやったら声が出るチームになるかに時間を費やすべし。

その⑭　試合に出ているのはベンチの選手も同じと考えるべし。ベンチプレーヤーのファインプレーを見逃してはいけない。

その⑮　親と接する時に話を誇張してはいけない。大切なことは、いいことも、良くないことも本当のことを伝えるようにすべし。

その⑯　少年野球の「指導者」は、子供たちの野球の「始動者」であることを自覚すべし。

その⑰　全ては「子供のために」という軸を忘れてはいけない。

指導者というのは大切なお子さんの未来を預かっています。その役割は大きく「覚悟」が必要だと私は思っています。だからこそ、喜びも大きいのです。

では、指導者に一番必要なものは何でしょうか？

それは子供に対しての「愛情」です。

真ん中に「心」と書き、それを受け止めると書いて「愛」です。そして、その愛情は一部の子ではなく、全員の選手を受け止めなければいけないのです。

どんなに輝かしい野球歴があったとしても指導者の前提は子供に対しての「愛情」のはずです。

子供に野球を嫌いにさせる20の方法

――大人のために子供がいるわけではない

「ドリームキラー」という言葉を耳にしたことがあるでしょうか？

子供の夢を壊す人という意味です。

そのドリームキラーは子供の身近な人であると言われています。親・指導者、身近な人間ほど子供との接し方を考えなければいけません。

●子供に少年野球を嫌いにさせる方法

①野球が上手な子を中心に見て、見込みのない子は放っておきましょう。
②他のチームの悪口を言いましょう。
③子供の話を聞かずに一方的にこちらから話しましょう。
④練習以外の普段の生活態度は気にしないようにしましょう。
⑤道具を大切にすることは野球に関係ないと伝えてあげましょう。
⑥挨拶や礼儀は野球に関係ないと伝えましょう。

⑦良いことは褒めず悪いところだけを見るようにしましょう。
⑧指導者同士の仲が悪いところを子供の前で見せましょう。
⑨グラウンド整備は率先して大人がやりましょう。
⑩何度もがんばっている選手に「何度やってもダメだな」と言ってあげましょう。
⑪前向きにがんばっている子供に「お前は野球に向いていないな」と言ってあげましょう。
⑫「あのコーチは野球を知らないから」と別のコーチのことを陰で子供にそう伝えてあげましょう。
⑬子供が肘が痛いと言ってきても自分が優勝監督になりたいから投げさせましょう。
⑭他人や兄弟と比べてあげましょう。
⑮子供が野球の話をしてきても「それは違うな」と話の途中なのに遮ってみましょう。
⑯子供の荷物は親が持ってあげましょう。
⑰他の子は関係ありませんから、我が子だけを応援しましょう。
⑱相手は小学生なので1から10まで指示を出してあげましょう。
⑲子供の見ている目の前でその子のお父さんやお母さんに大きな声で怒鳴りましょう。
⑳子供がどう思うかを気にせずにプレッシャーをかける言葉をたくさん言いましょう。

●心から野球が好きと言える野球少年に

もちろんこんな規則を掲げているチームや親御さんはいらっしゃらないでしょう。ですが、一つ二つ当てはまっている人はいるかもしれません。

大切なことは、監督・コーチ・親のために子供がいるのではないということです。

子供は「小さい大人」ではない
子供は「子供」なんです

だから、たくさん失敗をします。だから、すぐにできないこともたくさんあります。何度も何度も失敗を繰り返した後に成功するから野球が楽しくなるんです。そして、必要以上に大人が手を貸さないことも子供を野球好きにさせる方法の一つです。

自分で考え自分で行動するから野球が楽しくなるのだと信じています。

辛いことも含めて「野球が好き」と子供が言えるような野球少年を我々大人がサポートしていきたいですね。

Column③

野球ママファッションあるある!

①Ｔシャツを肩までめくるママがチームに一人はいる

②実は、冬場には靴下を2枚履いている

③大事な試合前になるとミサンガをつける母が増える

④日除けの帽子が塩沢ときばりに大きいママがいる

⑤ズボンは何にしようかと悩むこともなくデニムになる

⑥スニーカーはコンバースかニューバランスが多い

⑦チームＴが縮んだと言うが
自分が大きくなったことに気がついていない

⑧冬場はロングコートにニット帽、
手袋、マフラー、アイテムが増える

⑨万全な日焼け対策なのに日焼けしている夏

⑩夏に肩からタオルをかける母がチームに一人はいる

……あるある(^_^;)

第四章

こんなときどうする？　親子で乗り切る

⑰ 子供が野球を辞めたいと言った時に言ってはいけない言葉

——サインに気付き、聴いてあげることが大事

お子さんは野球を続けている以上、何かの悩みを抱えます。

では、どういった悩みを抱えているのでしょうか。

「チームメイトと上手くいっていない」

「指導者と上手くいっていない」

「野球を辞めたい」

大人にとってそんなことだったの？ということでも子供にとっては大きな悩みになっています。

しかし、その悩みを親御さんに言えないで心の中にしまっているお子さんが多くいます。

なぜ、親御さんに言わないのでしょうか？

その理由は……

- 怒られるかもしれない
- 僕のことで親に心配させたくない

こんなところでしょうか。

中学生以上になると自己解決ができたり、仲間の力で解決することもできてきますが、小学生のうちはなかなか難しいことです。

ある日、お子さんが「野球を辞めたい」と言ってきました。さて、あなたなら何と言ってあげるでしょうか？

「何のために今までがんばってきたの！」

「野球を辞めるなんて承知しないぞ！」

「皆、一度はそう思うんだよ！ がんばりなさい！」

これらの言葉を子供に投げかけても何の解決にもなりません。なぜならこれらの言葉は全て親の思いをぶつけているだけだからです。

お子さんからすると、やっと言えた一言だったはずです。なのにお子さんの中では納得できずに、何の解決もしないまま、また週末に憂鬱な顔で野球に行くことになります。

解決どころか、お子さんは、「言わなければよかった」「無駄だった」という感情が芽生え、余計に親御さんに口を閉ざすケースも出てきます。

では、どうしたらいいのでしょう。

いきなり解決策を言おうとしたり、自分の感情を先に出して、子供の話を遮ってはいけません。まずは、今までお子さんが心にずっとしまっていたものを「時間をかけて」聴いてあげてください。

親御さんが言いたいこともたくさんあるでしょう。ですが、まずは、聴いてあげることです。それだけでお子さんの心は少しでも晴れると思います。

解決策はその後です。

頭ごなしに大声で、

「何を言ってるんだ！　野球を辞めることなんて認めない！」

と言えば、お子さんは、とりあえずは行くかもしれません。

ですが、お子さんの中では何にも解決できていません。そして、しばらくすれば、また、同じことが起こるでしょう。

お子さんの口から最後まで話を聴いてあげてください

お子さんの話を「耳と心と目」で聴いてあげてください

「聴く」という字は、耳だけでなく目と心という漢字から成り立っています。

お子さんが心を開いて話してくれました。時には泣いてしまうかもしれませんし、愚痴を言ってしまうかもしれません。

その時に、お子さんが泣いてしまったら、「そんなことくらいで泣くな」と言っていませんか？

お子さんが愚痴を言ってしまったら、その時に「弱音を吐くな」と言っていませんか？

お子さんが悩みを打ち明けたら、その時に「考えすぎだ」と言っていませんか？

毎回毎回、愚痴を言ったり、泣いたりするのもどうかと思いますが、こういう時は想いを、しっかり受け止めなければなりませんね。

お子さんは、どんどん自分の心のコップに水を溜めていきます。知らず知らずに溜まった水は、気が付くと親御さんでもどうしていいかわからないくらい溢れ出てしまいます。

お子さんが勇気を振り絞って言ったサインに気付いてあげてください。

そして、耳だけでなく目と心で「聴」いてあげてください。

家で親が練習に付き合う時に言って欲しい一言

――監督やコーチの指導と違った言葉は子供を惑わせる

自分の子供にがんばってほしい、レギュラーを取ってほしい。親御さんなら誰もがそう思いますよね。

そんな想いから家での自主練をお手伝いしている親御さんも多いかと思います。そんな時に必ず言ってほしい一言があります。

「監督やコーチに何を言われてる?」

この一言……とても大切です。

チームの数だけ理論ややり方があります。もっと言えば、その子その子で言われていることも違うはずです。

バッティングでは「強い打球を打つスイングをしなさい」と指導されているチームもあれば、「遠くへ飛ばすスイングをしなさい」と指導されているチームもあるでしょう。それは方針に沿っているのです。

守備でも「何がなんでも両手で捕りなさい」というチームもあれば、「状況によってはシングルキャッチでも構わない」と指導されているチームもあるでしょう。

いい悪いは別として、チームには、それぞれの指導の仕方があります。

私自身、家で練習を見るときに必ず聞きます。

「監督やコーチに何を言われてる?」と。

子供が、

「打つ時に開きが少し早いって最近言われてる」

と答えれば、

「そこだけを気をつけてバットを振ってみな」と言います。

自分には自分のバッティング理論がありますが、チームに任せている以上、そこは口を出すところではないと思っています。

今は様々な情報が入ってくる時代です。書籍、インターネット、YouTube……。誰でも容易にいろんな情報を手に入れることができます。

それを見て、「あっ、これいいな。うちの子供にやらせてみよう」と思い実践させてしまうとチームの指導と逆行してしまうことも出てきてしまうかもしれません。

お気持ちはわかりますが「思いつきだけ」でやってはいけません。どうしてもという場合は指導者の方に相談してからのほうがいいですね。

逆に言えば指導者は、それだけの勉強をしなければいけません。たくさんの理論から何を取捨するのか。どの子にどんな理論が合っているのか。そして、その理論のために、この子にはどういう練習メニューが必要なのか。どういう言葉なら伝わるのか。

私は親御さんに、

「家で練習する時にこういうところに気をつけてバット振らせてね」

とできる限りポイントについて声をかけるようにしています。

子供が戸惑わないようにするためにも家で自主練を手伝ったり見るときには、

「監督やコーチに何を言われてる?」

と聞いてみてから練習に付き合ってあげてください。

「がんばれ」という時に……がんばれなくなった子供に

――乗り越えた先に親子の「顔晴れ」が見えてくる

少年野球や高校野球で子供が壁にぶつかっている時に使う言葉。

「がんばれ！」

我が子に、試合当日に何と言っていいかわからず……、試合中に何と言っていいかわからず……、

「がんばれ！」

何かいい言葉が思いつかなくて、思わず出てしまう言葉だったりしませんか？ 言葉は「がんばれ！」だけれども、その言葉に想いをのせてみませんか？

挫折しそうな時、

「がんばれ！ 今、がんばれば強くなれるぞ！」

我が子に強くなってほしいと願う。

「がんばれ！ 今、がんばれば壁を越えられるぞ！」

壁を超えてほしいと願う。

ここをがんばれば願いが晴れるぞ！　そんな想いを込めて声にしてみましょう。

「かんばれ!!」「願晴れ!!」

厳しい練習でクタクタになり、眼もうつろになってきた時、

「がんばれ！　体が疲れていても眼だけは死んでないぞ！」

心は眼に表れる。

「眼が晴れていればここを乗り切れるぞ！」

そんな想いを込めて言葉にしましょう。

「がんばれ！」「眼晴れ!!」

壁を乗り越えた時、辛い練習を乗り越えた時、子供たちの「がんばり」は顔に現れます。

「顔晴れ！」

何かを乗り越えた時の顔が晴れやかに、満面の「顔晴れ」になっているはずです。

●壁を乗り越えたら親子を守る「砦」になる

ですが、「がんばれ！」と言われても、がんばれなくなってしまった子もいます。「がんばれ！」という言葉を聞くのが辛いお子さんもいます。

自分はがんばっているのに、お父さんやお母さんが、がんばれって言うから、辛いことを

親御さんに言えないお子さんがいるかもしれません。

そんな時は、「味方であること」「そばにいること」を再確認してあげてください。

「何かいいことを言おう」

「何か言わなきゃ」

そう思わなくていいんです。お子さんががんばれなくなった時は、お子さんの話をたくさん聴いてあげてください。お子さんは「何かを言ってほしい」のではなく「話を聴いてほしい」はずです。

心にずっと溜めておいた「辛いがんばれ」の気持ちが溢れだす時があります。たくさん泣かせてあげてください。

「泣くな!」

と言わないであげてください。

親子の眼の前にそびえ立つ壁を乗り越えてください。その場限りのことだけを考え、壁を壊したり、抜け穴を探してはいけません。

壁は乗り越えてこそ、後々、親子を守る「砦」に変わるはずです。

今、がんばれなくなったお子さんをお持ちの親御さん。辛いけど乗り越えましょう。

きっと、その先に親子の「顔晴れ!」が見えるはずですから。

やる気がないなら辞めていいよと子供に言ってはいけない理由

――子供はやる気がないわけではない

自分でやりたい！　と言って、始めた野球。だけど我が子を見ているとやる気が感じられない。

子どもに対してこんな思いを抱えたことはありませんか？

ひと口にやる気が見られないといってもいろいろなケースがあると思うんですね。そして、その多くは、「やる気がない」わけではなく、「何をしたらいいかわからない」場合が多いのです。

少年野球の子供は様々です。こちらが何も言わなくてもアグレッシブにどんどん自分で練習する子もいれば、野球は好きだけどどうしていいかわからないという子もいます。

こういう子に、

「ちゃんとやれ」

「やる気を見せろ」

「一生懸命やれ」

と言っても、こういう言葉は彼らには抽象的すぎてピンと来ないわけです。そして、我々大人が考えている「やる気」「一生懸命」が子供と一致しない時もあります。そんな時に親御さんや指導者の方はイライラしてしまうのではないでしょうか？

そして言ってしまう一言。

「やる気がないなら辞めろ！」

子供たちの多くはやる気がないわけではないのです。抽象的な言い方を変えるだけで子供の心に届くことがあります。

「野球を一生懸命やるってどういうことだと思う？」

「大きな声を出すこと」

そう答えたなら、

「よし！ じゃあ少しずつでいいから大きな声を出すようにしてみようぜ！」

と答えてみてはどうでしょう。

「全力疾走すること」

そう答えたなら、

「よし！ じゃあ今日はともかく一日全力疾走しようぜ！」

と答えてみてはどうでしょう。

彼らが考えて今できることを具体的に話してあげることで抽象的だった「やる気」「一生懸命」が彼らの中でわかるかもしれません。

「どうせ無駄」

「自分はレギュラーなんかになれない」

と、行動を起こさない子どももいるでしょう。

子どもの心の中でも悪循環が起きている可能性があります。やる気はあっても無理だと自分で決めつけてしまっている子。

そんな時に、

「やる気がないなら辞めてもいいよ」

なんて言われたらどうでしょう。

親や指導者の立場として、「それでも今できること」を子供たちと考えることが大切なのではないでしょうか？

今日できること、今できることへ目を向けさせる声のかけ方をすべきだと思います。どうせ無理だと思っている子は練習にも身が入りません。他の子と実力が大して変わらないのにそういう思いからどんどん差をつけられてしまうのです。

それがエスカレートすると、

「僕はチームに必要ない人間だ」

と、さらに悪循環になってしまうこともあります。

指導者であればその子に「役割」を与えることでその子の存在を認めてあげることも一つの方法です。

野球以外に何かやりたいことが見つかったのならば別ですが……。

やる気がないわけではないけど何をしていいかわからない子。

野球が好きなのに自分で限界を決めてしまってやる気を自ら失わせている子。

きっと彼らはさまよっているのです。

そんな時に、

「やる気がないなら辞めていいよ」

と言う前にかける言葉がまだあるはずです。

⚾家の反省会でやってはいけない3つのこと

――自分で考えることで野球の奥深さを知ることができる

試合が終わり、帰りの車やお風呂で反省会をされるご家庭も多いかと思います。今日の一日を振り返ることは大切なことです。

しかし、その振り返りかたを間違えてしまうと子供のやる気が損なわれる可能性もあります。

①結果を先に言わない

我が子がチャンスで打てなかった。大事な場面でエラーをしてしまった。時として親御さんが感情的になってしまうケースがあります。

「何で打てなかったの!」

「何でエラーしたの!」

お気持ちはわかります(笑)。しかし、感情的にこう言われても子供はどうしていいかわかりません。

当たり前のことですが、「反省会」とは親御さんの反省会ではなく子供の「反省会」です。

また、「あの場面で走ったのは完全に暴走だろ！」などと結果を先に言ってしまう親御さんがいらっしゃいますが、子供にすれば何か意図があったのかもしれません。

結果を言う前にまずは子供の意見を引き出すことが必要です。

②子供より親が話している時間が長い

①のように親御さんが結果や結論を先に話してしまえば親が話す時間が長くなります。

子供は考えることをせず、

「早く終わらないかな」

頭の中でそんなことを思うかもしれません。

先程の①のケースでも頭ごなしに、「あの走塁は暴走だ」と言うのではなく、「あのケースは何か意図があったの？」と聞けば子供はその場面を振り返り、考え出します。

「ベースが一瞬空いたから行けると思った」

と答えるかもしれません。

「そうか……積極的な走塁はいいことだな。あの時、イニングは何回だった？ 次のバッターは何番だった？」

そう問いかけると、「イニングは最終回でバッターは4番……あっ! 無理して走塁するところじゃなかったかも」

こんなふうに考えて自分で答えを見つけることができます。

小学生はその振り返りをするときに自分一人では難しいかもしれません。

その時に親御さんが結果を言わずに、「問いかけ」をすることによって自分自身で考えるようになってきます。

これをすることによって中学生や高校生になったら親の問いかけが不必要になり、自分で自分に問いかけ、答えを導いていけるようになります。

③明日に繋がらない反省会は意味がない

反省というのは今日の失敗を明日に活かすためにするものです。つまり、標準が「過去」ではなく「未来」になっていなければいけません。

今後どうしたらいいか。何をしたらいいか。

最後は未来へ繋がる話で終わらせてください。

間違っても、

「次やったら承知しないからな」

「お前なんて野球を辞めちまえ」

などの捨て台詞で終わりにしないようにしてあげてください。

●一人で向き合う時間

反省会が終わった後にやっていただきたいことが一つあります。

野球ノートに今日の出来事を選手が書くことです。これは親御さんの力は不要で自分一人で書いてほしいのです。一人で書くことによって、自分と向き合う時間が生まれます。


自分と向き合う時間は、覚悟を生み出す時間になります

自分のお子さんがミスをした時は親御さんもあれこれ言いたくなると思いますが、そういう時こそ自分で考えることが、「やらされている野球」ではなくなり、野球の奥深さを知るチャンスにつながるのです。

試合中に我が子が交代させられた時

——交代した時の我が子を見ていますか?

お子さんが試合中に交代させられた……。親としては見ていて辛い場面ですよね。エラーを連発してしまったのかもしれないし、見逃し三振をしてしまったのかもしれません。なぜ交代したのか理由がわからない時もあるかもしれません。交代が理不尽だと思うこともあるかもしれません。

時々、自分の子の出番になると最前列で一生懸命に応援するお母さんを見かけます。

「ナイスボール‼ いいよ〜!」

我が子にだけ声援を送る親御さんを見かけます。応援すること自体は悪いことではないのですが、自分の子の出番が終わると、後ろに引っ込んで、おしゃべりが始まったり、中には自分の子が試合中に交代になると帰ってしまう親御さんもいらっしゃいます。

我が子を応援したい、我が子が試合に出ている姿を見たい、そう思うのは親であれば当たり前の感情です。

ですが、その我が子が属しているチームを応援することが大切なのは言うまでもありません。

●親だからわかること

自分の子供が交代させられた時、皆さんはどこを見ていらっしゃるでしょうか。

交代をさせられた時、お子さんはどんな表情だったか見ましたか？ どんな態度だったか見ましたか？

「本当に悔しがっているな」

「なんで交代させられたのか、納得していないな」

表情だったり、態度だったり、しぐさだったり、交代させられた時に、我が子のことだから親であるあなたにしかわからないものがあります。

そういうところを見ることができるのも「親の特権」だと思うんです。

いい時もあれば悪い時もあります。いい時はみんなが見てくれています。でも、悪い時は親だけが見られる特権です。

交代後のお子さんはどうしているでしょう？ そして、ベンチに戻った我が子は何をしているでしょう。

だれかが声を掛けに来てくれるかもしれません。その声を掛けてくれるのは誰でしょう？

その声を掛けてくれた選手が試合に出たらを応援したいと思いませんか？

交代させられた後にチームの仕事をきちんとしているでしょうか？ 仲間に声を掛けてい

るでしょうか？

一生懸命になって仲間に声を掛けていたり、ボール拾いをしている我が子。本当は悔しくて悔しくて仕方ないのかもしれない。それがわかるのも親しかいないのです。

試合に出ている我が子だけを見るのが親の役目ではありません。交代させられた我が子を見ることも必要なことです。

そして、本当に悔しがっていると親御さんならわかることでしょう。その時に子供がどんな気持ちでいるのかを見てわかるのが親なんです。

だからこそ「この挫折を機に次回がんばれ！」と思い、応援の仕方や支え方も変わってくるはずです。

要は子供の何を見るのかです
要は子供のどこを見るのかです

ゲームに出ていなくても我が子を見る意味は必ずあるはずなんです。

⚾ 真面目な子が陥ってしまう「伸びない理由」
――今までと異なる方法や行動をとってみる

チームに真面目な子っていませんか?

ものすごく真面目で何事にも一生懸命な選手。だけど、なぜか伸び悩んでいる子。ひょっとすると、その選手は真面目だから伸び悩んでいるのかもしれません。

真面目な子は監督やコーチの意見をよく聞きます。練習ももちろんですが平日の自主練もよくがんばります。

ウチのチームにも本当に真面目な選手がいました。真面目に「ど」が付くくらいの「ど真面目」な子でした。

言ったこともきちんとやってくる。平日練習も真面目。もちろん週末の練習態度も真面目そのものの子でした。だけど伸びない……。

「伸びない」という言葉ではなく「変化が見られない」といったほうが正しかったかもしれません。

しばらく様子を見ていて「変化が見られない子」が僕の中では一番心配になります。

●真面目だから絶対に伸びる

周りのコーチも、

「あの子は真面目だから絶対に伸びる」

「真面目だから必ずそのうち結果が出る」

そう話していました。私も、そう思っていました。

しばらくしても「変化が見られない」ので、彼のバッティングを動画で撮り、チェックをしました。素振り・ティー・フリーバッティング……。

僕の中ではこの3つである程度「同じスイング」ができるようになって「自分のスイング」というものが完成すると思っています。

何度も何度も見て彼と話し合い、フォームからタイミングの取り方までかなり大幅に変えました。

二人でいろいろなことを確認しながら「しばらくはこれでいこう」となりました。

●真面目だから伸びるとは限らない!?

スイングを変えて、一週間、二週間、そして一ヶ月が経った頃だったでしょうか。彼のバッティングに変化が見られるようになってきました。

その後、彼は今までが嘘だったように打ち始めました。

結局、「方法」が違っていたんですよね。僕がその方法にもっと早く気が付いてあげればよかったんです。

真面目な子というのは指導者の言うことをよく聞いてくれます。だからこそ指導者が間違った指導をしていればそのまま素直に聞いてしまいます。

真面目な子は伸びる、そう言いますが、「方法」や「アドバイス」を間違えてしまえば逆の方向に伸びてしまう可能性があります。

皆さんのチーム中でずっと伸び悩んでいるというお子さんがいらっしゃったら、ひょっとして「方法」が違うということだったのかもしれません。

真面目な子は伸びるんです。だからこそ「方法」を間違えてはいけません

一つのことをずっと継続していくことはもちろん大切なことです。

ですが、「変化が見られない時」は、今までと異なる方法や行動をすることでそれまでと違う自分に出会えて羽ばたけるのかもしれません。

「翼」という漢字は「羽」の下に「異なる」という漢字が入っています。

「こんなに一生懸命やっているのに、なんで結果が出ないんだ」

そんな時はいつもと「異なる」方法をすることによって「翼」を持ち、羽ばたけるのかもしれません。

その翼が持てるよう指導者や親は見守り、支えなければなりません。

⑩10年後……高校球児になるあなたへ
——少年野球の母が未来の子供へ書いた手紙

少年野球の息子を持つ母から高校野球を終えた息子への未来の手紙です。

少年野球、中学野球、そして高校野球……。野球を続けていく上で母の「子の見守りかた」はとても大切です。

●野球少年の母から高校球児の母へ

高校野球を終えたあなたへ

あなたがこれを読むのは高校野球を終えた日。

そう思って書いているけど、ひょっとすると野球をやっていないのかもしれない……そんな想いもあります。

その時は、この手紙はあなたに渡さず私の手元に置いておくつもりです。

あなたが野球をやりたい。
そう言って少年野球をやりはじめてから一年が経ちました。
野球のことなど何も知らない私でしたが、
あなたがやりたいと初めて言い出したことだったから、嬉しくて、嬉しくて。
でも、野球が何もわからない私には「野球少年の母」は想像以上なことばかりでした。
お当番、母業との両立、仕事……心が折れそうな時もあったけど
野球をしているあなたのキラキラした笑顔。
それだけで頑張れています。それだけで幸せです。

まだ野球をやり始めて一年。
きっとこれからいろいろなことがあるでしょう。
私と衝突することもあるでしょう。
口やかましく言ってしまうこともあるでしょう。
野球をやめたいとあなたは言うことがあるかもしれません。
でもね、全てを受け止めるつもりです。
あなたの「母」ですから。

「野球少年の母」ですから。
あなたに「野球少年の母」にしてもらったのですから。

●少年野球の最後の日。

あなたはどんな最後を迎えるのかな。
胸からたくさんのメダルをぶら下げてはじける笑顔なのかな。
優勝できずに、悔しい顔なのかな。
でも、あなたががんばってきたことだから、きっと私は涙するでしょう。

●中学野球

中学の野球はどんなことが待ってるのかな。
もう「ママ」って言われなくなってるね。
ちょっぴり寂しい気持ちもします。

今のあなたを見ていると想像もできないけど
反抗期もあるのかな。
でも、全てを受け止めるつもりです。
「どんとこーい」ですよ。
「野球少年の母」だから。
あなたに「野球少年の母」に
させてもらったのですから。

●高校野球

高校野球はどんなことが待っているのかな。
野球を続けてくれているのかな。
これを読んでくれているということは、
野球を続けてくれたってことだよね。
きっと身長も私を抜いているでしょう。
今はこんなに小さいのに……。
辛いことがたくさんあったよね。

でも、その辛いことの半分ぐらいは私の知らないところで
あなたは自分で解決してきたのでしょう。
気付いてあげれなくてごめんね。

●あと何回……

あと何回あなたにお弁当を作ってあげられるかな。
あと何回あなたの背番号を縫ってあげられるかな。
あと何回あなたの涙する顔を見られるかな。
あと何回あなたの笑顔が見られるかな。
野球ってすごいね。
二人を結びつけてくれた野球に感謝だね。
高校野球最後の日、今では想像できないけど
あなたに言いたい言葉。
「高校球児の母にしてくれて有り難う」
あなたが10年後、この手紙を読んでくれますように。

逆境の時にこそ口に出してほしい言葉

——「だからこそ……」と思えることがたくさんある

「スタメンで試合に出られない」

だからこそ……もっともっとがんばろう。

あなたならがんばれるはずだから。


「自分のエラーで負けてしまった」

だからこそ……もっともっと強くなろう。

あなたの過去は変えられないけど、過去の思いは変えることができるから。


「今日は練習したくないな」

だからこそ……練習をしよう。

そういう気持ちの時に練習することがあなたを強くするから。

「もう野球を辞めたいな」

だからこそ……辞めないでがんばってみよう。

あと一日だけ、あと一週間だけ、その一日が高校野球最後の日まで繋がっているから。


「我が子がベンチに入れなかった」

だからこそ、スタンドの我が子の姿を見に行こう。

どこにいようと、がんばった我が子は私の誇りだから。


「我が子がスタメンで試合に出られない」

だからこそ……もっともっと我が子を応援しよう。

我が子ならがんばれるはずだから。

あなたの子供だから。


「我が子のエラーで負けてしまった」

だからこそ……もっともっと親も強くなろう。

一人では辛いけど、親子なら乗り切れることができるから。

「今日は我が子の練習を見に行きたくないな」

だからこそ……練習を見に行ってみよう。

そういう時にしか見られない我が子の表情があるから。


「高校野球最後の夏にメンバーに入れなかった」

だからこそ……仲間のためにがんばろう。それが「チーム」だから。

仲間はあなたの想いをわかってグラウンドに立ってくれるから。


あなたの親、だからこそ……私にしかわからないあなたがいるはず。

あなたの親、だからこそ……私にしかわからないあなたの表情があるはず。

今はあなたの野球を見ていると辛くなりそうな時もあるけれど、
あなたがマウンドに立っている姿を見ると逃げ出しそうな時もあるけれど、
今、だからこそ見られるあなたがいっぱいあるんだよね。
そして、あなただからこそ、できたことがたくさんあるはずなんだよね。

「だからこそ……」って、なんだか元気をもらえる「魔法のことば」だと思うんです。

起こってしまった出来事は変えられません。

でも、だからこそ……って思えることがたくさんあるはずです。


過去が変えられないように親子の野球の時間も返ってきません。

だからこそ、出来ることがたくさんあるはずなんです。

そして、野球がうまいとか下手ではなく、ベンチに入っていようがスタンドにいようが、
我が子だからこそ……高校野球を続けられたのです。

それは、父と母の応援があったからこそなんです。

今、逆境にいる野球少年とその親御さん。

「だからこそ……」がんばりましょう。

Column④

野球遠征あるある!

①田舎すぎてナビにないグラウンドがある

②川っぺりのグラウンドのトイレに行く時は覚悟を決める

③グラウンド周辺のコンビニのチェックは欠かさない

④トイレ休憩の時に何気なく
自分の子供の様子をチェックする

⑤中1の親が中3の親と同じ配車になると緊張する

⑥横断幕をネットにかけるとき一段ずれる親がいる

⑦行きはにぎやかだったが負けた帰りの車は沈黙が多い

⑧抜け道を使ったのに
普通の道を使った車に負けると敗北感が襲う

⑨試合に来られなかった親に途中経過をする係がいる

⑩軽い荷物しか持たない父にイラッとする

……あるある(^_^;)

第五章　チームってなんだ？

「チームワーク」と「仲良し集団」の違い

――「目的」のためにそれぞれがパフォーマンスを発揮すること

よく監督さんが、

「ウチはみんな仲が良くてチームワークがいいです」

とおっしゃることがあります。

仲が良いことはもちろんいいことですが、

「仲が良い＝チームワーク」

ではないと私は思っています。

「チームワークがいい」というのはチームの全員が共通の目的を持っていること。そして、その目的のためにそれぞれの役割をベストなパフォーマンスで発揮できている状態だとも思っています。

いわゆる「スタメンプレーヤー」の選手だけがベストなパフォーマンスをしていてもいい結果は出ません。

ベンチの選手も「ベンチプレーヤー」としての役割があり、チームの「勝利」という目的のために力を出さなければいけません。

そして、そういうベンチプレーヤーの存在を軽視しているチームは決して「チームワーク」がいいとは言えません。

ベンチプレーヤーは「チームのファン」ではありません。勝利に必要な立派なプレーヤーなのです。

●目的を徹底する

チーム全体の仲が悪く、ギスギスしている状態はもちろん良くありません。ですが「成長のない仲良し集団」でもいけません。

では「仲良し集団」にならないためにはどうしたらいいのでしょうか? まずは選手一人一人に目的を確認し徹底することです。

チームの目的が「優勝をする」ということだとします。優勝するという目的に何が必要で何をやってはいけないのかということです。

ダラダラ練習をしている子がいたとします。

全力疾走を怠った子がいたとします。

これらの行動は「優勝する」という目的にはあってはならない行動になります。これを周りの選手が黙っていることがあります。

「チームの和を乱すから」

と何も言わないのであればこれが私からすると「仲良し集団」と呼ばれるものになってい
るのです。

優勝するためということが目的です。

「チームの和を乱さないこと」が目的ではありません。

何でもかんでも「どんまい！　どんまい！」になってしまうのも同じです。

こういう選手に、もちろん監督やコーチの方が注意をする場合もあるでしょう。ですが、
こういう時のためにいるのが「主将」です。

私は主将になる条件として「意識レベル」が最も高い子を選んでいます。大人が言うこと
より子供同士で言われたほうが納得することもあります。

●「悪口集団」になってもいけない

一つ注意しておかなければいけないことがあります。
それは「仲良し集団」からの脱却を図ろうとするときに「悪口集団」になってしまう恐れ
です。

「何やってんだよ！ちゃんとやれよ！」などと何でもありの状態にしないよう指導者は注意しなければいけません。そのためにも子供同士の「信頼関係」を作ることが必要になってきます。

信頼関係があれば言われたほうは注意の一言を「叱咤激励」として受け取ります。

信頼関係がなければ「うるさい一言」と受け取ります。

子供同士が、仲が良いことはとても良いことです。ですが「チーム」というものは「和を乱さない」ことではなく、「目的」のために、時には「摩擦」もありながら成長していくことだと思っています。

その摩擦があった時に、摩擦が起こりそうな時に、指導者の出番なのです。

⚾「ありがとう」がたくさん言えるチームになるために

――「してくれた」ことに感謝の気持ちをもつことが大切

「形」ではなく「心」。
私は常にそうお話をさせていただいています。

カバンが綺麗に一つに揃っている。
スパイクが綺麗に一つに揃っている。
ヘルメットが綺麗に一つに揃っている。
挨拶が綺麗に一つに揃っている。
ランニングの時の足並みが綺麗に一つに揃っている。

それは、「見た目がきれいだから」「見た人が気持ち良くなるから」。それも大切なことかもしれませんが、それが「目的」ではありません。野球に限らず団体競技というスポーツは「チーム」が一つにならなければいけません。

「カバン一つ綺麗に揃えられないチームがプレーで一つになれるのか?」

「心を揃えなさい」

そう選手に話しています。

ある時、綺麗に並べられていたスパイクの一足が乱れていました。皆、自分のスパイクは綺麗に並べますが、その乱れている一足が視界に入らないのか、もしくは視界に入っているが直そうとしないのか……そう思って見ていました。

誰も気が付かないのかと、しばらく見ていると、ある選手がそれに気付いた様子でした。A選手としておきます。

「おっ、気付いたな」

と思って見ていると、

「B!ちょっと!こっち来て!スパイクちゃんと並べろよ!」

とA選手がその乱れたスパイクのB選手に声を掛けました。

「あ、そうきたか」

と苦笑いしていたのですが、B選手はいかにも面倒くさそうな顔で戻って来てスパイクの乱れを直していきました。

こういう場面はきっとこれからもあるだろうなと思い全員を呼びました。

●「ありがとう」が伝染するチームに

まずはこのスパイクを直したA選手は「目配り」ができていた証拠です。

「今、B選手のスパイクが一つだけ乱れていたのをお前たちは気付かなかったけどA選手が気付いた。目配りができていた証拠。目配りができたら次は心配り……」

B選手を呼んで自分で直させるのも一つの方法でしょう。

それは、それでありだと告げた上で子供たちにこう続けました。

「A選手がB選手のスパイクの乱れていることに気が付いて直してあげたらどうだったと思う？　乱れていたのは事実だからそれはB選手に伝えてあげる。そうしたらさ、B選手はA選手に何て言う？」

と聞くとB選手は、

「ありがとうと言います」

「そうだよな。でさ、仮にお前が誰か違う人のスパイクが乱れていたのを見つけたらどうする？」

「Aがしてくれたように自分も直してあげます」

こう答えてくれました。

何が正解というわけではありませんが、こうしたほうが、するほうは「心配り」が、してもらったほうは「してくれた感謝の気持ち」をもつことができるような気がします。

そして、「有り難う」や「目配り・心配り」がチームに伝染していくことが大切です。

かばんや道具の乱れを指導者が指摘し、直させることは簡単。ですが、私はできるだけそういう「気付き」も子供の手で、そう思っています。

⚾ 試合で負けても悔しがらない子たち
——悔しさの前提にあるものは「勝ち」である

「お前たち、負けて悔しくないのか！」

スクールウォーズというラグビードラマの有名なセリフです。強豪相手に大敗を喫し、ニヤニヤ笑っている選手に山下真司さん演じる滝沢先生の言葉です。年齢がバレますが（笑）。

さて、皆さんのお子さんはどれくらい悔しがるでしょうか？

公式戦で負けた後、うちの選手はよく泣きます。

「悔しい」

その感情が次を生み出すのです。

悔しさの前提にあるものは何でしょうか。

それは「勝つ」という気持ちがあって初めて生まれてくる感情です。

当たり前だとお思いになるかもしれませんが、どんなに強い相手と戦うときでも「勝つ」という前提がなければ悔しさは出てきません。その想いが強ければ強いほど悔しさも強くなっていきます。

強豪相手に戦う時、「勝てるかなあ」「負けるだろうなあ」と思っていたのでは「勝つ」という前提がもう子供たちにはないのです。

●悔しさは練習から作られる

試合終了後、負けて悔しがることもなく、ニヤニヤしている選手に、「お前たち、悔しくないのか！　もっと悔しがれ！」

こんな場面を見かけます。でも監督やコーチがそう言っても「悔しい」という気持ちは試合後に作られるものではありません。こちらが悔しさを出せと言っても子供たちにその気がないわけです。

では、なぜそのような状態になってしまったのでしょう。

試合前にどれだけ本気で「勝とう」と選手は思っていたのでしょう。

もっと言えば練習の時にどれだけ本気で「勝とう」という練習をしてきたのでしょう。

指導者としてどれだけ本気で「勝たせてあげたい」と思って接してきたのでしょう。

悔しさという感情はどれだけ本気で勝とうと思い練習してきたかに比例します。ですから「悔しさ」という感情は日々の練習から積み上げられて作られていくものなのです。

強豪相手に大敗したという客観的部分だけを見て、

「おまえたち悔しくないのか」

と言う前に指導者の皆さん、そして子供たちは本当に勝つための練習をしていたのか振り返ってはいかがでしょうか。

ひょっとすると指導者の皆さんが本気でそう思っていても子供たちには伝わらなかったのかもしれません。

●心が日毎に……

「負けて得るものがある」と言います。反対に「負けて得るものなど何もない」という人もいますが、野球をしていれば必ず負ける時があります。負けてしまった悔しさを次に活かさなければただの「負け」です。

「あの負けがあったから」と言えるような練習を明日からしていかなければなりません。

「悔しい」とは、心が毎に……と書きます。本来、悔しさという感情は、時が経つと薄らいでいきます。その悔しいという心が日毎に強くなっていく。その「悔しさ」は自分を強くします。

当たり前のことと思うかも知れませんが、「悔しい」という気持ちは、「勝ちたい」「負けたくない」という強い強い気持ちが前提にあってはじめて起こる感情なのです。

⚾ミーティングに取り入れてほしい4つの大切なこと
――負けても「できていた」ことを見逃さない

試合後のミーティングはとても大切なものです。皆さんのチームはどのようなミーティングをされているでしょうか？　よく試合後に監督やコーチの方が大声で怒っていらっしゃる場面を見かけます。お気持ち、わかります、時には叱ることも必要です。では、ミーティングの本来の目的は何でしょうか？

「今日の試合を次に活かす」ことが目的なはずです。

①子供たち同士で話をさせる

試合終了後に監督やコーチの方々が1から10までを指摘してしまうミーティングを見かけます。私はいつも話をさせていただいていますが、まずは子供に感じたり考えたりして欲しいんですね。自分で「気付いたこと」のほうがその後も心に残りますから。

そして、グラウンドに立っていた選手にしかわからないことがあるはずなんです。

ですから、まずは子供同士で話し合いをさせます。

②子供同士で気付けなかったことについて指導者が話をする

子供同士で話し合った後、「○○回の中継プレーが乱れた」「初回の入りが悪かった」こんなふうに私に話してきます。そこには子供同士の話し合いで気が付けなかったこともあります。その部分を我々指導者が今度は話す番です。

「今日の試合……どこで流れが変わったと思う？」

子供同士で気付けなかった箇所を指導者は肉付けするくらいで丁度いいのだと思います。

③子供に話すのは一人か二人でいい

試合後、監督・コーチの方、全員が子供たちに話すチームもあることでしょう。それも一つの方法だと思いますが、子供たちからしてみたらどうでしょう。

「ミーティング長ぇなあ」

そんなことを想っているかもしれません。指導者の方が10人いたとしたら、10番目の方の話の時は、子供は集中力を欠いていると思います。

僕は監督だけ……か監督とヘッドコーチだけで十分なのではないかと思っています。

ですが、いろんなコーチの意見があった方がさまざまな角度から見られるメリットもあります。ですから、私は子供同士でミーティングをしている時に、

「今日の試合で何かありますか?」とコーチ全員に意見を聞くようにし、その意見と自分の意見をまとめて子供に話をしています。

④「できていたこと」を確認する

負けた試合の時に、ついつい忘れてしまうことがこれです。

負けたことによって、「できなかったこと」ばかりの意見になってしまいがちですが、負けた試合であっても「できていたこと」があったはずなんです。それを負けたばかりについつい見失いがちになります。そうすると、練習方法も変わってきます。

負けた試合でも、できていたことを指導者が見逃さないことが大切です

少年野球にバントは必要なのか

――「犠牲バント」と「貢献バント」

「小学生にバントは必要か」という議論が時々出てきます。

小学生のうちは、バントなんかいらない、ホームランを狙って野球を楽しむのだ、という考えがある一方で、バントを使い一点をとる野球の奥深さを知るべきだという考えもあります。チームの方針ですから、どちらがいいとか悪いではないと思います。

私は、チームの目標は「勝つ」ことでいいと思っています。ただし、それは、大人が勝ちたいのではなく、子供が勝ちたいという目標を持っていなければいけません。

私は試合でバントを使いますが、チームによっては、勝つために、バントを使わないということもあるでしょう。野球はスゴロクのコマをいかに一つ一つ進めていくか……ということを子供たちに話しています。

●バントに喜びを感じる選手もいる

今、高校2年生の選手に毎週、付きっきりで、何時間もバントの練習をしたことがありました。

送りバント、プッシュバント、セーフティーバント……、真夏の太陽を浴びながら二人で何時間も何時間も……。

最初は両足を揃えてバント練習をしていたのですが、できるようになってくると、

「両足揃えて構えると相手はバスターがないとわかるぞ！　両足揃えないでいこうかー！」

サードへのセーフティーができるようになってくると、

「三塁手に比べると一塁手のチャージが甘いチームが多いから一塁方向のプッシュも練習するかー！」

こんなことを毎週繰り返していたある日、彼が言いました。

「いやあ、バントは奥深いっす！　めっちゃ楽しいっすよ！」

それは「犠牲バント」ではなく「貢献バント」なんだと思います。

少年野球にバントは必要ない、という考えもあると思いますが、バントを成功することに喜びを感じる選手もいると思うのです。

ただし、バントをするチームであれば、そのバントがいかにチームのためになったのかを指導者が認めてあげなければなりませんね。

だからこそ、彼のバントは「犠牲バント」ではなく、チームのためにしてくれた「貢献バント」だと僕は他の選手に話しています。

ですが、僕が言わなくても周りの仲間のほうがよっぽどわかっているんですよね。彼がどれだけバント練習をしていたのか知っていますから。彼がバントを成功した時は、ヒットを打った時と同じくらいベンチは盛り上がっていました。

冒頭にも書きましたが小学生にバントをさせるかさせないかはチームの考え方によって違い、どちらがいい悪いではないと思っています。それがチームの方針ですから。

●バントのサインを出された子供の気持ち

ただ、「子供がやりたくもないバントを」とか、「バントのサインを出された子供の気持ちを考えると」みたいなことを、時々、耳にしますが、それも指導者の教え方、伝え方一つなのではないでしょうか？

「お前は打てないからバントなんだ」

こんな言い方をされた子供がバントに喜びを感じられるでしょうか。それでは、「貢献バント」ではなくまさに「犠牲バント」になってしまいます。

そして、それは、チームのための犠牲ではなく、心ない指導者の「犠牲」になっているのではないでしょうか。

「自分が」ではなく……「自分○○が」
――ボールを触っていない選手もやることがある

練習試合で、キャッチャーの指示がボールサードからバックホームに変わりましたが、それが繋がらず、ボールはホームに届くことなくサードに……。

練習で「予防」していたはずができていなかったので「治療」をしなければいけません。

こういうプレーは試合終了後に皆で話し合わせます。

私「おーい！　あのプレーは何であなった?」

キャッチャーの選手が最初に話し出しました。

「自分がもっと早く指示の声を出すべきでした」

次にカットに入った内野手が口を開きます。

「自分がボールサードだと決めつけていたせいです」

次にボールを処理した外野手が、

「自分がもっとボールを早く処理していたら、四つまで行かれなかったです」

次に三塁手が、

「自分がもっとランナーの動きを早く伝えるべきでした」

このプレーでボール触ったのは指示を出したキャッチャー以外のこの3人です。でも、あることを感じて欲しくて、もう少し様子を見ることにしました。

しばらくして、カットマン以外の内野手が次々に口を開きました。ボールに触っていない選手も、

「自分がキャッチャーからの指示をもっと早く伝えるべきでした」

「自分がバックホームの声もっと大きく言うべきでした」

「自分がバックホームの声を一回しか言わなかったからカットマンに伝わらなかったのだと思います」

聞きながら……「あっ、いい感じ！」と思っている自分がいます。ここで全員に話そうかと思ったのですが、もう少し様子を見てみることに。私が口に出すのは簡単ですが、子供たちが「考える」からこそ深くなっていくと思っているからです。すると外野手が、

「自分がもっと早くカバーに行っていればホームまで行かれなかったと思います」

ベンチの選手も、

「自分がベンチからもっと指示の声をみんなに伝えるべきでした」

うん、いい感じです！ここで全員を集めて話をしました。

●「全員」でアウトをとる

「今さ、お前たち、皆〝自分が〟〝自分が〟って言っているけど、皆がそう思ってるなら、自分がじゃなくて、〝自分たちが〟っていうことだよね。ボールに触った以外の選手もそれぞれ全員やることがあったはずだよね。っていうことは、この1点は、〝誰が〟じゃなくて〝皆が〟あげてしまった1点だよね? 1つのアウトを自分たちが、つまり皆で必死に取り行こうよ。ボールに触っている、触っていないじゃなくて全員で!」

自分がじゃなくて自分「たち」が、1つのアウトを必死に取る。自分がじゃなくて、自分「たち」が、つまり、「皆で」「チームで」1つのアウトを必死に取りに行く。

全員で1つのアウトを取りに行くことに喜びを感じられるチームを作っていきたいと思います。

「あの回さえなければ勝てたのに」ではない!

――「あの回が出てしまうチームだから負けた」のです

「あの回さえ……」

「あの回がなければ勝てたのに……」

リードしていたが試合終盤で大量点を取られ逆転されてしまった。初回に大量点を許し、反撃したがあと一歩追い付かなかった。

そんなときについつい言ってしまう一言。

「あの回がなければ勝てたのに」

「あの回だけなんだよなあ」

「あの回がなければ勝てた」

「あの回さえ……」

と言えることもできますが、逆に言えば「あの回があるチームだから負けた」わけです。

指導者からするとなぜ「あの回」が起こってしまったのかを分析し、試合の「治療」を行わなければなりません。

僕は試合後のミーティングをまずは子供同士で行うようにしていますが、当然、子供だけではわからないこともあります。指導者自身が分析し、今後の練習で何をしていかなければいけないかを指導者「同志」で話し合っていかなければなりません。

練習で「予防」できなかった部分を「治療」する

「あの回」になぜ、大量点になってしまったのでしょう。

エラーが連鎖してしまったのでしょうか。普段の練習ではエラーの連鎖なんかなかったのに、試合中に出てしまったのなら、練習のための練習になっていたのかもしれません。

連係プレーが乱れてしまったのでしょうか。ランナーを実際に付けての実戦プレーの量が足りなかったのかもしれません。

ピッチャーが連打されてしまったのでしょうか。代え時のポイントが間違えていたのかもしれません。いつも何球目ぐらいから疲れが見え始めてくるのかを把握していなかったのかもしれません。

何かがあったから「大量点を取られてしまったあの回」が起こってしまったわけです。少年野球の大量点は、フォアボールとエラーが絡むことがほとんどです。そして、連鎖し、それが負のスパイラルになっていきます。

その時に指導者が怒鳴り声をあげたりすれば、火に油を注ぐように止まらなくなっていきます。試合中に大量点を取られ「まさか」と思う展開になった時に指導者がバタバタしないことが大切です。指導者のバタバタは子供に伝染しますから。

そして、その「まさか」の展開の時に「自分たちの野球」ができるように立て直せるのかどうか、もっと言えば「自分たちの野球スタイル」があるのかどうか。

試合でいろいろなことを想定して指導者は「あの回」がないように「予防」するわけです。練習のための練習ではなく、試合のための練習を意識させて……ですが、やはり「試合」でしかわからないことが出てきます。

人間のからだではないですが「予防」しきれなかった部分が出てくるものです。だからこそ、試合のその後に「治療」をしていかなければなりません。その治療方法を間違えると、「あの回」がやってきてしまいます。

まずは、「あの回がなければ勝てたのになあ」ではなく、「あの回が起こるチームだ」と認めることではないでしょうか。

指導者は「予防」と「治療」を繰り返して精度を上げていかなければなりません

ちょっと待て！　それは「どんまい」じゃない
――なんでも「どんまい」ではなく次に繋げる言葉を大切に

「どんまい」

最近ではあまり耳にしなくなったこの言葉ですが、皆さんのチームではいかがでしょうか？どんまい……「気にするな」という意味ですね（※和製英語で本来の英語の意味とは異なるそうですが）。

思い出すと、野球をやり始めた頃の私もこの「どんまい」を好んで使っていたような気がします。というより、言葉のボキャブラリーがない幼少の自分にとっては「便利」な言葉だったのかもしれません。仲間がミスをすればこの言葉をかければいいと感じていたのかもしれません。

「どんまい」

私は基本的には好きな言葉です。

ですが、なんでもかんでも、どんまいになる「どんまい野球」は少し違和感があるんですね。

私が教えていた年代でこの「どんまい」を好んで使うチームがありました。神奈川でも優勝し、関東大会でも準優勝した年代です。

ある練習の時、チームの中心選手が明らかに気を抜いたプレーをしました。

周りの選手の声は、

「どんまい！　どんまい！」

そのプレーをした選手にも笑顔。

ちょっと待て……それは「どんまい」じゃない。

全員をすぐに集めました。

まずは当人に、

「お前、今のプレー全力でやったのか？」

「いや……」

「俺だけじゃなく誰の眼から見ても今のプレーは手を抜いたプレーだ」

今度は周りの選手に聞きました。

「今のアイツのプレーがお前たちには全力プレーに見えたのか？　本当にどんまいなのか？

俺からしたら、気にするなじゃなくて、気にしろのプレーだ」

周りの選手もわかっていたはずなんです。

「最後の試合……あいつが今と同じように手を抜いたプレーをしたら、お前たちは納得して終われるのか？ 俺たちは、がんばったと涙を流すのか？ 違うはずだ。今の手を抜いたプレーの練習を必ず思い出す。そして、あの時にきちんと言えば良かったと後悔するぞ。そして、誰よりも本人が一番後悔するぞ」

そう彼らに話しました。

エラーをしたとかじゃないんです。

ミスをしたとかじゃないんです。

練習中に全力でやってきたかどうか……その姿が大切なはずです。全力でやってきたかどうかを仲間が一番近くで見てきたからこそ、誰かがミスをしても納得して終われるのです。

「あれだけ練習で一生懸命やってたアイツ」「さぞかし悔しいだろう」

そう想えるからこそかける言葉があるのです。肩を抱きしめてあげられるのです。

終わり方があるはずです。小学6年生は少年野球生活が残りわずかです。

「終わり方」を選手も指導者も大切にしてほしい……そう思います。

「どんまい」は決して悪い言葉ではありません。ですが、便利な言葉であるからこそ使う場面も多くなります。だからこそ、何でも「どんまい」にしてはいけない。全力でやってきた仲間同士だからこそ試合中の「どんまい」は効果があるのだと思います。

●大切なのはどんまいの次の言葉

そして「どんまい＝気にするな」だけではなく、次に繋げる言葉が必要になってきます。どんまいと言われた方は返す言葉が消極的になりがちです。

「わりい」「ごめん」

そういう気持ちを、

「どんまい！　どんまい！　切り替えろ！」

「どんまいだ！　次は頼むぞ！」

こういう声で次に繋げてほしいですね。

どんまい……今はあまり口にしないのかもしれませんが、昭和の私からすると「どんまい」という言葉は温かみがある言葉のようにも感じます。

ただどんな言葉であろうと「信頼関係」がなければ、その言霊の意味は半減してしまいます。

⚾ その声は「声懸け」なのか「声崖」なのか

――認め合った仲間が言うからこそ心に響く言葉がある

声掛けは、元気がない仲間や辛い練習をがんばっている仲間に元気を与える言葉です。仲間のことを想っての行動です。

では、どういう声掛けがいい声掛けなのでしょうか？

という前に皆さんのチームのことを思い返してください。「声掛け」ができるチームになっているでしょうか？

特定の子だけが、

「お前、やる気あるのかよ！」

「お前、声出せよ！」

と集中攻撃を受けている場面を見ることがあります。子供同士や指導者と子供に信頼関係のないチームには、いい声掛けもなにもないのです。まずは「いい声掛け」ができるようになるためには、「いいチーム」を作り上げなければいけません。

いい声掛けにはどんなものがあるのでしょうか。ピッチングの場面で考えてみました。

①結果を求める声掛けでは次に繋がらない

ストライクの入らないピッチャーに「楽に行け」「入れていけ！」と言っても、それが、できなくて困っているわけです。

そして、これらの言葉は「結果」だけを追い求める声になりますよね。結果の声掛けは抽象的すぎます。

「楽に行け」と言うのなら、

「間をあけろ」

「一回ロージン！」

という方が具体的ですよね。

また技術的なこともあります。力が入ってしまって上げた足のつま先が上を向いてしまっていることもあります。

「つま先に力が入ってるぞ」と力を抜けさせることもできます。

「入れていけ！」と言うのであれば、ストライクボールのことは触れずに、

「腕を振れ」

と言った方が何をすればいいかがわかってきます。つまり、具体的な声掛けをしてあげることによって「次のプレー」に繋がるわけです。

「楽に行け」

「入れていけ！」

という声掛けでは言われている本人は、次にどう行動していいのかわからず、

「楽に投げなきゃ」

「ストライクを入れなきゃ」

と何の解決策もないまま次の一球を投げなければいけません。

②「ナイスピッチング」より……

「ナイスピッチング」なら、

「まっすぐ走ってんぞ」

「いいぞ！　ローボールがいいところに決まってんぞ！」

と具体的に言われた方が子供たちには伝わります。

③マイナスの言葉を言わない

声掛けに上手いも下手もないのですが、声掛けが上手だなと思わせる選手は、決してマイナス要素を言わないんですよね。そこが上手いんです。

空振りしているバッターに対して、「三振するなよ」ではなく、

「OK！OK！いい振りしてんぞ！それでいいぞ！」

四球を連発している投手に対して、「フォアボール出すなよ」ではなく、

「おう！打たせていいぞ！絶対、捕ってやるから！」

ミスをしてベンチに戻ってくる選手にはウチの選手は、とびきりの笑顔で、とびきりのプラスの言葉をかけていました。

「声懸け」と「声崖」

その言葉には「認め合い」があるのだと思うんです。

認め合いがなければ、

「ヘイヘイどうした〜!」っていう仲間の一言が、ただの悪口に聞こえてしまう。

認め合っていれば、それは激励に聞こえるはずなんです。だからこそ、最初に書いたように、「いいチーム」でなければ「いい声掛け」はできないのです。


仲間同士が認めあって、仲間同志になって、懸命に声をかけていれば、それは「声懸け」

認め合いがなくただの悪口になっていれば、それは相手を追い詰める「声崖」


そして「声懸け」になるのか「声崖」になるのかは、指導者による指導も関係してくるはずです。

練習で厳しい時間を共有してきた仲間が言うからこそ、認め合ったからこそ、心に響く「言球＝ことだま」なのだと思います。

⚾小さな点でも「打線」になり「打幹」になる
——選手の個性を繋げることで太い幹が生まれる

打線が繋がる。一人一人の点が線になるといわゆる「打線」になるわけです。1番から9番までホームランバッターを並べるのも「打線」の魅力でしょう。バントが上手い選手、足の速い選手を積極的に使うのも「打線」の魅力です。

昔は2番バッターにバントの上手な選手を選んでいましたが、今では2番にパワーバッターを入れたりするチームもありますね。それぞれのチームでいろいろな考えがあり、いろいろな打線の組み方があります。

「この子じゃ打てないだろうなあ」などと指導者が「妥協」している「妥線」ではいけないのです。下位打線の選手でもその打順にやり甲斐を持ってもらう「甲斐打線」にしなければ点と点を結ぶ「打線」にならないのです。

「お前は打てないから下位打線だ」

「お前には期待してない」

などという指導者がいますが、こんなことを言われた選手が「チームのために」とやり甲

斐を持つことができるでしょうか？

攻撃の時、攻めているのは1番から9番までの選手だけではありません。ベンチの選手もその「打線」に加わっています。

ベンチからの声、ベンチからの指示……。彼らが打たせてくれたヒットがあります。

1番から9番の選手だけでなくベンチの選手にも線は繋がっているのです。

小さい小さい点であっても、それが繋がれば線になり、ベンチの選手まで繋がった線は、大きく太い幹になります。

点は打線になり打幹になるのです。

選手一人一人の個性が線になりチーム全体の幹となる。その太い幹となったチームが最終回の大逆転劇や奇跡と呼ばれる試合をするのではないでしょうか？

Column⑤

野球部員あるある!

①ノックの時、足にボールが当たると
「サッカー部じゃねえぞ」と言われる

②ティーのボールを回収するときに
必ずバットをクラブにしてゴルフを始めるヤツがいる

③ノックの時にエラーをして「もう一丁」と言うと
「試合にもう一丁はねえんだよ!」と打ってもらえず、
エラーしても何も言わないと「もう一丁はねえのか!」
と言われ、理不尽を感じる

④新しいバットを買うともれなく全員に使われる

⑤内野から外野に回され、悩んだあげく、
外野手用のグローブを買った瞬間に内野に戻される

⑥親が見に来ない日に限って活躍をする

⑦ベルトやストッキングを忘れると
家が近い部員に持ってきてもらう

⑧OBが来ると必ず「俺らの時代は…」と語りだす

⑨牽制でさされた時の罪は重い

⑩「今年の1年生は…」と、とりあえず言う

……あるある(^_^;)

第六章

感動！本当にあった心の野球秘話

背番号に付いていた血の理由
——一針一針想いを込めて縫えば子供に伝わる

彼は小学5年生から野球をやり始め、うちに入団してきました。

他の子より遅く入団したため野球の技術はまだまだこれからという選手。チームの仲間も彼を受け入れ、彼もすぐにチームに溶け込んでいました。

彼が入団して初めての公式戦がやってきました。背番号は「ケツバン」。いわゆる一番大きい背番号です。

背番号発表の時、彼の名前を呼ぶと大きな声で、

「はい！ ありがとうございます」

そう言って嬉しそうに背番号を見ていました。

一番大きな数字ですが、初めてもらう背番号。

「この背番号の数字が、どんどん小さくなるようにがんばろうな」

彼に伝えました。

そして、彼のお母さんに、

「背番号の縫い方、わかりますか？　わからなかったら周りの母に聞いてくださいね。初めての背番号ですから想いを込めて縫ってあげてください」

そうお話ししました。

「入団したばかりなのに背番号をいただいてありがとうございます。想いを込めて縫わせていただきます」

お母さんはそう言って母たちに背番号の縫い方を教わっていました。

●背番号に……

公式戦の朝、グラウンドで整列をしている時に選手が、

「あれっ、お前の背番号に血がついてる！」

「本当だ！　お前どっか怪我してるんじゃないの！」

そう、あの彼のことです。

「えっ、怪我なんかしてないけど」

そう言った彼の背番号には確かに小さくいくつかの血がついていました。

彼のお母さんを見るとなんだか困ったような笑みをこぼしていました。ふと、お母さんの手を見ると、指に幾つか絆創膏が……、

「お母さん、ひょっとして？」

そう話すと、

「昔から裁縫が苦手で、想いはたくさん込めたんですけど、大事な背番号を汚してしまってすみません」

とお母さん。

初めてもらった背番号。苦手な裁縫でしたがお母さんの想いがたくさん込められた背番号でした。

●一球入魂と一針入魂

整列した選手全員に、

「いいか。お前たちの背中にある背番号は寝ている間にお母さんが想いを込めて縫ってくれたもんだ。怪我をしませんように、チームに貢献できますように、勝てますように、そういうお母さんたちの思いが込められてることを忘れてはいけないぞ」

そう話しました。

彼らが「一球入魂」ならば、母たちは「一針入魂」。

一針一針に母たちの想いが込められています。

そして、卒団の時、

「初めてもらった背番号の想いを私も子供も忘れないようにこれからも野球をがんばります。背番号を縫うのは上手くなりませんでしたけど」

彼のお母さんはそう話したあとにこう続けました。

「私、少しでもいいことがありますようにって……あれから背番号を縫う時は大安の日に決めていたんです」

背番号を通して母は子供にいろいろな想いを伝えていることを私に教えてくれたお母さんでした。

だからこそ我々指導者も真剣に背番号を決めなくてはなりません。二桁はみんな一緒なんかじゃありません。

今は背番号がマジックテープになったり、ボタンになっているところも多くなっていますが、母が一針一針想いを込めて縫うことで子供に伝わることがあると思っています。

⚾ ピンチの時に逃げ出してしまう母がいました

——その時周りの母がした行動とは

自分の子供が試合に出ていると親はいろいろな気持ちになります。特にピッチャーの親御さんの心理はまた特別なのかもしれません。今から話すこのお母さんもきっとそんな気持ちだったのだと思います。

その選手はうちのチームでエースナンバーの「1番」をずっと背中に背負っていました。子供がそうであればお母さんは自動的に「ピッチャーの親」になります。なりたくても、なりたくなくても、「ピッチャーの親」になるわけです。

そのお母さんは毎週熱心に野球を観に来てくれましたが、前に出るタイプではありません。実はこのお母さん練習試合の時でも、公式戦の時でも、マウンド上の我が子がピンチになると姿を消します。

「ピンチの場面、マウンドのあの子を見てられないんです。打たれたらどうしよう。うちの子のせいで負けたら皆さんに何と言ったらいいか……」

お母さんはそうおっしゃっていました。

「お気持ちよくわかります。ですが一番いい場面を見逃しているじゃないですか。もったいないですよ」

と話すと、

「でも……やっぱり見ていられないんです。見ていなくても最近は歓声で抑えたのか、打たれたのかがわかるようになってきてしまって……。それが聞こえないようにどんどんグラウンドから離れるようになってしまいました」

お母さんは苦笑いをしながら下を向きました。

当の子供のほうは、

「そういう場面でお母さんのことを考えているわけでもないし、全く気にしてませんよ」

と笑いながら話していました。

ある公式戦。大事な試合でした。その彼が先発ピッチャー。最終回まで危なげないピッチングで見事に抑え、2対0のリードのまま最終回を迎えました。

最終回に相手チームに1点を返され、なおもワンアウト満塁のピンチ。

私はタイムをとってマウンドに行きました。

「押し出し2個でもいいぞ。そのかわり腕をしっかり振れ。こういう場面の時のためにつらい練習してきたんだ。大丈夫！」

そう言ってマウンドを下りようとした時、マウンド上の彼が、

「大丈夫っすよ。本間コーチ、それより、あれ……」

と、はにかんだ笑顔を見せていました。

そう言った彼の視線の先には応援する母たちの姿が。

●逃げ出してしまいそうな母に……

よく見ると全員の母たちが手を繋いでいたんです。

グラウンドにいる9人の母だけではなくベンチの選手のお母さんもあわせて全員で手を繋いでいました。

そして、その真ん中にはマウンドにいる彼のお母さんの姿があったのです。

いつもならこういう場面では逃げ出してしまうお母さんが列の真ん中で試合を見ているんです。後から聞いた話ですが、この時もお母さんは姿を消そうとしたらしく、チームリーダーのお母さんが、

「気持ち、わかるよ。でもみんな一緒。私も逃げ出したいし見ていられない。辛いのはピッチャーだけじゃないよ。ここにいるみんながしんどいんだよ。でも子供は逃げ出すわけに

いかないし、がんばって戦っている。だから私たち母もみんなでこの場面を戦おう」

そう、そのお母さんに話してくれたそうです。

真ん中にいるお母さん……もう泣いています。でも両方の手を繋いでいるので涙をふくことができずにボロボロ涙が流れていました。

マウンドを下りるときに、

「お母さんも戦ってんだな」

と彼に笑って言うと、

「こういうの勘弁してほしいですわ」

笑顔でそう話しました。

マウンド上で大きく深呼吸をし、「頼むぞ！」と大きくナインに声をかける彼。

「任せろ！　俺んとこ打たせて来い！」

「今日のお前なら打たれねえよ！　勝負！　勝負！」

そう答える選手たち。

母たちも全員で手を繋ぎ戦っていました。

試合再開、ワンアウト満塁から次のバッターを三振。ツーアウト満塁。あと一人……。3球目でした。

バッターの放った打球は強烈なライナーで三遊間へ。

「あっ！」

そう思った時、サードの子がダイビングキャッチでそのライナーを捕り、試合終了となりました。

そのサードの子は、先ほど話したチームリーダーのお母さんの子供でした。

母たちの繋いでいた手は解かれ全員が肩を抱きしめあいながら涙を流す光景に変わっていました。

その輪の中心にはあのピッチャーのお母さんがいました。

●母を変えてくれた試合

その後、その母はどんなピンチでも逃げることがなくなりました。

子供を変えてくれる試合もあれば、お母さんを変えてくれる試合もあるんですね。

高校野球を終えたこの代と食事をした時に、

「お母さん、あれから逃げなくなりましたか？」

と私が聞くと、横にいたその選手が私にこう言いました。

「本間コーチ、聞いてくださいよ。中学で俺がマウンドでピンチになった時、お母さんなんて言ったと思います？〝逃げるなー〟って言ったんですよ。散々自分が逃げてたくせに」

そう笑って話してくれました。

すると母は、

「私はあのリトルの試合でみんなに強くしてもらったの。野球はピッチャーだけが辛いんじゃないってあの時の母たちに教えてもらったの。文句あるか！」

そう笑って答えた母。

あの手を繋いでいた母たちの姿は今でも私の脳裏と心に残っています。

⚾ ムードメーカーと呼ばれたある選手の話

――チームを明るくしてくれる存在

「ムードメーカー」みなさんのチームにもいませんか？

ムードメーカーとは、いるだけでその場の空気・雰囲気を好転させることができる力を持っている人のことを指す。スポーツにおいては選手としての実力とは別に持ちえる能力であり、たとえ技術で貢献する能力がなくとも戦力的なプラスを与えてくれる存在である。

――調べるとこう書いてありました。

私のチームにいたある「ムードメーカー」と呼ばれていた選手の話です。

彼は試合に出ることが多い選手ではありませんでしたが、誰よりも明るく、そして野球に詳しい子でした。よくプロ野球選手のモノマネをしたりしてみんなを笑わせ、いつも彼の周りには笑顔がありました。

私が練習中に他の選手を叱ると、

「おーい！ ○○気にすんな！ 次だよ、次！」

叱られた子にそうやって声をかける選手でした。

こんなこともありました。

試合形式の練習の時に、ある子が見逃し三振を繰り返しました。私がその子に叱った、次の打席。２ストライクから外角に際どいボールが……。

私はストライクだと思い、その選手を叱ろうとしました。

「あー、今のは際どいけどボール一個外れてるな。うんボールだな。ボール。本間コーチ、ボールですよ」

その時、キャッチャーをしてこれを言ったのがあの「ムードメーカー」の彼でした。

ピッチャーの選手に、

「いいボールだったけど外れてるぞー」

と声を掛けるとピッチャーもその子の意図を読みとりニヤニヤしながら、

「わりい！ わりい！ 今のはボールだな！」

と返すと守りの選手もニヤニヤしながら、

「ボール！ ボール！ 次！ 次！ 次は手を出せよ！」

そんな声がグラウンドに響き渡りました。

ここまでやられるともうその見逃しをした選手を叱れません（笑）。

彼の言葉が、そして存在がムードを変える……。

まさに「ムードメーカー」でした。

練習中も試合中も誰よりも声を出しミスをした選手にもいつも温かい言葉を掛けてくれる彼を僕も頼っていました。

●試合に負けても泣かない

うちの選手は公式戦で負けると人目を憚らずに涙を流します。この年代は特にそういうチームでした。

ある大事な公式戦で逆転サヨナラ負けをした時、涙を流す選手たち。その中であの彼だけは涙を流さずいつもの明るさと笑顔で、

「まだまだ次があるぞ！」

「泣くな！　泣くな！」

そうみんなに声を掛けています。

この子は本当に強い子だな、そう思っていました。この時は……。

リトルリーグは最後の公式戦に敗れた瞬間にリトルを引退することになり、次の日から基本的にはグラウンドに姿を見せなくなります。

最後の公式戦、彼らしい戦いでしたが、残念ながら接戦で敗れました。号泣する選手たち……。あのムードメーカーの彼だけは最後もいつも通りの明るさと笑顔で仲間に声を掛けていました。

泣き止まない彼ら……。その時、あのムードメーカーの彼が私のところにやってきました。

トレードマークの笑顔が崩れ、こう言いました。

「本間コーチ……すみません。笑顔で終わろうと思ったけどできそうもありません。最後だけはみんなと一緒に泣かせてください」

そう告げた顔は涙でボロボロになっていました。

どんなに苦しい練習でも、試合で負けても、流さなかった彼の最初で最後の涙でした。

――彼に「ムードメーカー」を背負わせてしまったのかもしれない
――彼も本当は試合で負けた時に涙を流したかったのかもしれない
そんな想いが頭をよぎりました。

その後、彼は仲間と一緒に涙を流しました。

●彼の高校野球最後の日に

その彼は高校野球までやり遂げました。

試合を観に行った時、三塁コーチャーとして大きな声と笑顔でチームのムードを盛り上げていました。

試合に敗れ、高校野球を終えた彼を球場の外で見つけると、リトルのあの最後と同じように涙を流している仲間を笑顔で励ましていました。

私の姿を見つけてこちらに向かってくる彼。

リトルのあの時は「最後は泣いてもいいですか」と、私に言ってきた彼は、私にこう言いました。

「ずっと野球をやってこられて幸せでした。試合には出られなかったけど、みんなを盛り上げて、みんなが元気になってくれて……、めちゃくちゃ楽しかったです」

彼の野球人生最後の日に、涙はありませんでした。

リトルから高校野球まで彼の笑顔と言葉で何人もの選手が元気をもらったはずです。

こういう「ムードメーカー」と呼ばれる選手がいるからこそチームは明るくなります。

こういう選手がいるからこそ他の選手も明るくプレーができることを忘れてはいけません。

そして、「貴重な戦力」であることは間違いありません。

⚾「最弱」と言われたチームが僕に教えてくれたこと
――夢は願うだけでなく、努力するからこそ叶うもの

今の高校2年生がリトルの頃のお話です。

彼らの1つ上は神奈川で準優勝をして東日本の代表になった年代でした。彼らの1つ下はジュニア・マイナーと神奈川で優勝していた年代。その強い年代のいわゆる「狭間」に彼らはいました。

彼らが最上級生になった時、「今年はそんなに強くない」「今年は厳しいだろう」。そんな噂が嫌でも耳に入ってきました。

彼らはジュニアでもマイナーでも「優勝」どころか「メダル」も取ったことのない年代でした。メダルを取れなくて卒団していった代はここ数年までありません。

新チームの練習初日。

技術面でも精神面でも相当鍛え直さないとメダルは難しい……。率直にそう感じました。

彼らに目標を聞くと、

「優勝したい」

「メダルが欲しい」

口々にそう言いました。

「今までと同じことをしても優勝どころかメダルも取れずにお前たちは卒団していくことになる。本気で優勝したいと思うなら〝覚悟〟を決めてくれ。練習も厳しくなる。答えは今出さなくていい。1週間後に返事をくれ」

彼らにそう言いました。

そして、1週間後、

「全員覚悟は決まっています。どんな練習でもついていきます」

そう言って彼らの最後の1年が始まりました。

●彼らが僕に教えてくれたこと

迎えた秋の大会初戦、2点リードも最終回にサヨナラ負け。

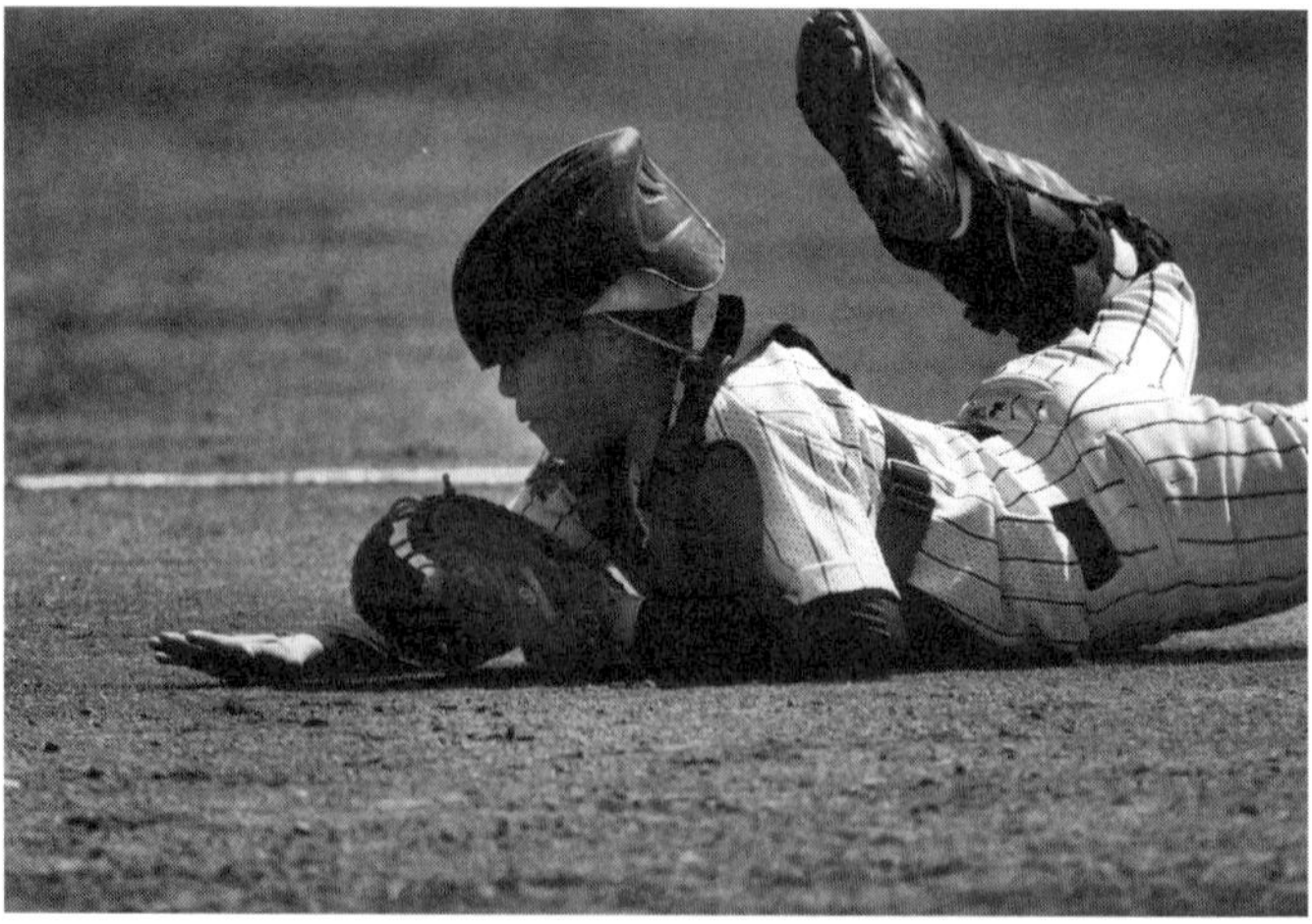

「諦めるな。春に必ずメダルを取ろう」

泣きじゃくる彼らにそう告げました。

長く厳しい冬練の始まり。練習は小学生にしてはかなり過酷なものだったはずです。きつくて涙をこぼしながらバットを振り続け、泣きながらノックを受けていました。

冬が明けて春の大会、あと一つ勝てば準決勝進出が決まるところまで彼らはやってきました。あと一つ勝てばメダル。彼らにとっては念願のメダル。

最終回までリード！　ツーアウト！　しかし……またサヨナラ負け。またも彼らの首にメダルがぶら下がることはありませんでした。

「諦めるな。まだ次がある。必ずメダルを取ろう」

そう言いながらもグラウンドから帰る足取りが重くなっていたことを覚えています。

残す大会もわずかになり、このままで彼らにメダルを取らせることができるのだろうか。何の練習メニューをしたらいいのか。気持ちの面でどんなアドバイスをしたらいいのか。正直、私自身が迷い始めていました。それでも週末はやってきます……。

ある練習の朝、

「おはようございます」

と挨拶した選手の手にテーピングが。

「おっ、おはよう」

と返すと、

「おはようございます」と挨拶した別の6年生の手にもテーピングが……。

全員を見回すと6年生全員の手にテーピングがありました。

「お前たちどうしたんだ?」

と聞くと、

「何でもありません!」

と答える6年生。

不思議に思っていると6年生のお母さんが、

「あの子たちから本間コーチには言うなと言われているのですが……。全員で平日に集まって練習してるんです。絶対メダルを取ろうって」

そう教えてもらいました。

子供たちだけの練習でマメを潰すまでの練習をしていたことから彼らがどれだけ真剣にやっていたのかわかりました。

「諦めるな」

そう言いつづけてきた自分の言葉を信じていた彼ら。涙が出てきました。

彼らは最後の最後まで諦めていない。

自分から迷いが消えました。

そして、迎えた全国選抜大会。彼らは破竹の勢いで勝ち進み準優勝。念願のメダルを取り、東日本大会にも出場しました。

彼らのメダルが決まった瞬間、僕は人目を憚らず泣きました。首からかけていたメダルの色は金色ではありませんでしたが、彼らには金メダル以上の価値があるメダルだったはずです。

「最弱」と言われた彼らの代は「最強」ではなかったかもしれませんが、チームワークのいい「最協」の代でした。

夢は願うから叶うのではなく、そこに向かって努力するから叶うことを証明してくれました。

そして、「諦めない」ことを僕に教えてくれた年代でもありました。

「うちの子……どんくさいんです」

――彼を大きく変えた練習試合の内野安打

足が遅い、そんな悩みを抱えていた選手の話です。

「彼」はぽっちゃりした体の子でした。

お母さんも朝のダッシュを見て、

「うちの子、どんくさいでしょー」

と言ってよく笑っていました。

「足ってどうやったら速くなるんですかねぇ？」

お母さんからそんな質問を受け、アドバイスさせていただいたこともありました。

朝のダッシュ、その時間になると彼の顔が変わります。「走りたくない」顔にそう書いてあります。

手を抜いて走っていれば叱りますが、彼自身は一生懸命走っているので見守っていました。

仲間たちも、

「がんばれ！」「もう少しだ！」

そんな声援を送っています。

翌週も、ダッシュの時間になると顔が変わる彼……。ダッシュをしている彼を見ると、泣きながら走っているんですよね。

「気分悪いか？」と聞くと首を横に振る彼。

「走るの嫌か？」と聞くと黙っている彼。

「あのな……」

と私が言いかけたところで当時のキャプテンが口を開きました。

「この中でダッシュ嫌いな人～？」

と全員に聞くと、

「はーい！」

とみんなが元気な返事（笑）。

「みんな嫌いなんだとさ」

と笑いながら彼に言いました。

「お前さ、長距離を打てるんだから、全部ホームラン打てばいいんだよ！」

そんな仲間の声に「彼」も少し元気が出たようでした。

翌週以降、一生懸命走る彼の姿がありました。

●練習試合で彼の放った打球は

数ヶ月後の練習試合で、ツーアウトランナーなしの場面。代打で「彼」が登場しました。

「長いの狙っていい場面だぞ！」

「ホームラン狙え！　狙え！」

とベンチの声。

初球は豪快な空振り。そして二球目。彼の当たりは三遊間のボテボテのゴロ。

必死に、必死に塁へ走る彼の姿がありました。

「セーフ！」

審判さんのコールに沸くベンチ。

彼を見ると、泣いているんですよね。練習試合の内野安打なのに……。

試合終了後にお母さんが、

「みんなが励ましてくれた次の日から、あの子、毎日朝起きてダッシュしてたんです」

「でも……どんくさいですねー」

と顔は笑顔だけどボロボロ泣いているお母さん。

「どんくさいのではなく、毎日どろくさくがんばってきた証ですよ」

と言うと、またお母さんの目から涙があふれていました。


そんな「彼」は今、高校球児になりました。

この間、偶然会ったとき、

「おい！足速くなったかぁ」

と笑いながら言うと、

「この間ホームランを打って、ダイヤモンドをゆっくり回ってきましたよ！」

と笑顔で答えてくれた彼。

あの練習試合の内野安打が彼を大きく変えてくれたのだと思います。

ですが、本当に彼を変えてくれたのは、当時の仲間の温かさだったのかもしれません。

彼が両手でボールを拭く理由

――チームの心を動かした「想い球」

昔に比べると両手でボールをこすってピッチャーに返す野手って少なくなったような気がしませんか？

私は現役の時には、あまり深いことを考えずにプロ野球の選手がやっている姿を見てなんとなくかっこいいから……。そんな理由でやっていたような気がします。

ウチのチームにいた一塁手の話です。

体格はいわゆる「ポッチャリ型」の選手で、守備は苦手でしたが長距離砲として活躍した選手でした。彼は、おっとりしていて皆の話をいつもニコニコしながら聞くタイプで、自分から話す子供ではありません。

練習や試合でも「声を出すタイプ」ではなく、「もっと元気を出していこう！」とコーチから言われることもしばしばある子でした。

ですが、周りの選手とも仲良くやっていました。

お母さんは子供と正反対。活発でよく話す方で、

「野球の時に声出さなくて見ていてイライラするんです！」

そんなことも話していました。

試合の際、内野ゴロでバッターを打ち取り、ボール回し……ファーストの彼が最後にピッチャーの子にボールを渡すことが多くなります。

ある時、この彼がピッチャーの子に毎回毎回ボールを丁寧に両手でこすって渡していることに気が付きました。

ついた泥を落としたり、雨の時はピッチャーに返すまでにボールを拭くようには言っていましたが、この子は見ているとほぼ毎回。

皆の前で彼に聞いてみました。

「毎回毎回、ピッチャーに返す時にボールを念入りにこすっているけど？」

その子は、

「あっ？　いや……あの……別に」

口下手な彼は言葉にならない感じでした。

それでも気になったので、その子のお母さんに理由を説明して、

「もしできたら家で聞いてみてくれませんか？」

と聞くと、

「家でもあんな感じであんまりしゃべらないんで言ってくれるかどうかわからないんですけど……」

笑いながらそうおっしゃってくださいました。

●ボールを拭いている理由は……

次の週、お母さんが来て、こう話してくれました。

「僕はみんなみたいにピッチャーに上手く声をかけることができない。だから、ボールに泥が付いていていたら綺麗に泥を落としてあげたい。雨で濡れているボールを乾かしてあげたい。ピッチャーが少しでも気持ちよく投げられるように。次も頼むよ！　そう想ってボールを拭いている」

お母さんは続けて、

「昔からあまり話すほうではなくて、私もあの子に対してよくイライラしてたんですけど、言葉ばっかり気にしていて心のほうを考えていなかったのかもしれません」

少し涙ぐみながらこう話してくれました。

「オモイダマ」という歌がありましたが、彼がピッチャーに渡す球はまさに「想い球」だ

ったのでしょう。

皆を集めてこの話をしました。

ピッチャーの子が、

「お前からもらうボールは、いつも綺麗で気持ちよかったぞ」

そう話してくれました。そして、

「想いも大切だな。だけどチームで戦う野球は声を出すことも大切だ。少しずつでいいからそのボールを拭いている時の想いを言葉にしていこう」

そう彼に告げました。

次の試合、うちの内野手を見るとピッチャーにボールを返す時に全員がボールを両手で拭いている姿がありました。

想い球……それはピッチャーの子だけでなく、チーム全員の心に届いたようです。

「息子とキャッチボールがしたいんです」

――野球経験のない父の挑戦

「お父さん！　グラウンドに入ってお手伝いしていただけませんか？」

いわゆる「体育会系」ではなく「文化系」、そんな感じのお父さん。あまりグラウンドに来ることがなかったので、ある日、声をかけてみました。

「いやぁ……私は……」

と少し躊躇されていましたが、

「グラウンドに入るとお子さんの見えない表情も見られますから」

そう話したのですが、

「私、野球やったことなくて、キャッチボールもしたことがないんです」

とそのお父さんは話してくれました。

「大丈夫ですよ！　他にもお手伝いしていただきたいことがありますから」

そう言って少し強引にグラウンドに入ってもらいました。

「悪いことしたかな……」心の中でそう思いながらその日の練習が終わりました。

翌週、そのお父さんはまたグラウンドに来てくれました。

またグラウンドに入ってもらい練習が終わった後、

「あの……恥ずかしいのですが、お願いがあるんです」

とお父さん。

「私は野球をしたことがなくて、あの子と今までキャッチボールをしたことがありません。息子とキャッチボールをしたいんです。恥ずかしいのですが、私に投げ方や捕り方を教えていただけませんか？」

キャッチボールを我が子としたい、という想いより、我が子が大好きになった野球を知りたい。そして我が子の力に少しでもなりたい。そんな気持ちだったのだと思います。

「私でよければ喜んで！」

そうお父さんに伝えました。

●お父さんとの特訓

それから毎週、休憩時間や帰りの時間にお父さんとキャッチボールの練習が始まりました。なるべくそのお子さんの目に入らないところで。

そのお父さんは、我が子とキャッチボールをする日を夢見て本当にがんばっていました。

キャッチボールをやり始めてからしばらくして、

「お父さん、もう合格ですよ！　自信をもってキャッチボールしてあげてください」

そう伝えると、

「ありがとうございます。やっとアイツの相手をしてあげられます」

と嬉しそうな表情で帰っていきました。


翌週、「キャッチボールどうでした？」

そう尋ねると、

「〝お父さん、本間コーチに教わってたでしょ〟ってバレてました。でも、キャッチボールをやり始めて息子との会話が多くなりました」

とお父さんは話してくれました。

その後、このお父さんは審判の資格までとって子供の野球と向きあっていきました。キャッチボールをしたこの父と子は会話のキャッチボールも多くなったようです。それは父が子を想う気持ちからだったに違いありません。

父が子供の胸に投げたのはボールだけではなかったのかもしれません。

母たちのファインプレー

——応援に「行けない」母にチームメイトの親が送ったLINE

子供が野球をしていると親の協力はどうしても必要になってきます。

お当番、審判、特に学童野球やクラブチームはその協力が必要です。しかし、親御さんの生活環境もあります。「行けない」と「行かない」は違います。

以前、私のチームに「行けない」親御さんがいらっしゃいました。

夫婦でお店をされている親御さんで、なかなかグラウンドにも顔を出すことはできませんでしたが、合間を縫って顔を出してくれていました。

でも、たまにしか来られないので、何をしたらいいのかわからないんですよね。

「私に何かできることがあれば言ってください」

「これはどこに運んだらよろしいですか」

普段グランドに来られないことに申し訳なさを募らせていらっしゃったのだと思います。

こういう時には何も言われないことのほうが苦しくなったりするものです。

それを察していたのかチームの母たちも、

「3回が終わったら審判さんにお茶だしだから一緒に行きましょうね」

「ジャグに飲み物を足すのを一緒にやりましょう」

「試合の時は子供の姿を見てあげてね！」

みんな「来られない」この母の気持ちをわかってくれていました。

●行けない想いをお弁当に

お弁当の時間、そのお母さんの子供のお弁当がいつも美味しそうなんです。豪華というわけではないのですが、愛情がたくさん詰まっている手作りのお弁当というのが見てすぐわかるお弁当でした。

なかなかグラウンドに行けない我が子に「お弁当だけは」という想いがあったのかもしれません。

その子に「お前のお弁当は毎週美味しそうだなあ」と私が言うと、

「美味いっす！」

とニッコリしてそう答えてくれました。

最後の公式戦にお母さんの姿はありませんでした。

この選手は、試合に出ることができませんでしたが、卒団前にメキメキと力を伸ばし、最後の最後にスタメンの座を手に入れました。

最後の大会、彼は全ての試合にスタメンとして出場し活躍をしました。

ですが……、お母さんは仕事が忙しく1度も見に来ることができなかったのです。我が子の姿を見たかったはずです。

我が子がバッターボックスに入る姿。

我が子が走る姿。

仲間とハイタッチする笑顔。

最後の試合で負けて流した涙。

見たくても……見られなかったのです。

そして卒団式を迎えました。その日は都合をつけてお母さんが来てくださいました。

私のチームは選手と親の挨拶があります。選手の挨拶、彼の口からこんな言葉が出てきました。

「お母さん……お母さんはいつも謝ってばかりでした。

僕には『いつも試合を見に行けなくてごめんね』

グラウンドに来ては、他のお母さんたちには『いつも来れなくてすみません』

だけど、僕はお母さんにありがとうと言いたいです。

お店が忙しいのにいつも早く起きてお弁当を作ってくれてありがとう。お母さんのお弁当のお陰でここまで大きくなれました。

中学でも野球をします。でも、中学の試合に来られなくてももう謝る必要ないからね」

……母の想いはちゃんと届いていたんですね。お母さんは溢れる涙を止めることができませんでした。

●公式戦前日のLINEで……

話は戻りますが、最後の公式戦の前日に、お母さんは母の連絡LINEに、

「明日も仕事で行けません。最後の最後までご迷惑をお掛けしてすみません」

とコメントを入れたそうです。

私もそのLINEを後から見せていただいたのですが、他のお母さんたちから、

「○○の応援、私たちに任せといて！」

「迷惑だなんて誰も思ってないよ！」

「勝ち上がって行けば応援に来られるかもしれないから子供たちにがんばってもらおう！」

「仕事で忙しくて見られないだろうけど、速報任せといて！」

こんな言葉がその母に返ってきたそうです。

試合の日もたくさんの速報、そしてプレーをしている何枚もの写真が他のお母さんから送られてきたそうです。

●グラウンドにはたくさんの父と母がいた

卒団式の時、お母さんはマイクを持って泣きながらこう話しました。

「最後の公式戦の時……ＬＩＮＥが鳴るたびに『息子打ったよー！ナイバッチ！』『いい笑顔で野球してるよー』とたくさんの言葉とたくさんの画像を送ってくださり、見ているうちに涙が出てきました。たくさんのお父さんとお母さんに可愛がっていただいてあの子は本当に幸せでした。グラウンドになかなか行けない私たちでしたが、この子はグラウンドにたくさんの父と母がいたのだと思います。本当に、本当にありがとうございました」

そうおっしゃって何度も何度も頭を下げていました。

「行けない親」と「行かない親」は違います。

行けない親御さんの気持ちを察してあげた、この時のお母さんたちは「大ファインプレー」ですよね。

そして、こういう年代は親だけでなく子供も「チームワーク」がとれています。

親の姿を子供たちはきっと見ていたのだと思います。

対談

井口資仁（千葉ロッテマリーンズ監督）×年中夢球（本間一平）

撮影●山崎正路

●選手にどう伝えるかが大切

年中夢球　本書では、野球少年の親御さんや指導者に向けて、技術論ではなく、私なりに心の在り方について述べてきました。今日は、2018年シーズンから千葉ロッテマリーンズの監督に就任された井口さんに、チームを率いることや野球に対する思いをお聞きできればと思っています。まずは、少年野球時代のことについてですが、当時は厳しい指導の時代ですよね。

井口監督　僕らは監督から怒られてばかりの世代ですからあまり褒められたっていう記憶はないですよね。父や母は、試合や練習を見に来てくれていましたから、僕が怒られて挫けて家に帰ってきた時は、家族四人で食卓を囲んで、野球の話になります。なんで怒られたのか、どこが良くなかったのかというだけでなく、次はどうしたらいいのかというフォローもしてもらいました。「そこはあなたがダメだったんだから次はこうしてみたら」という感じです。

年中夢球　なるほど、井口監督のご両親は、しっかり見ていてくれてフォローをしていたということですね。あまりに怒られるとそのことばかりが気になり、大事な「次をどうすれば」ということまで頭が回りません。それでは成長していかないですよね。

井口監督　オフシーズンには野球教室をやる機会が多いんですが、どちらかというと僕らの時代の指導者の方も多いので、子供に対する言い方が思いっきり上から、「ああしろ」「こうしろ」って怒鳴っている姿を見かけます。

そんな時は、今の子供たちには合っていないのかなと感じます。

　今年から千葉ロッテの監督として現場を預かっていますが、二十代半ばの選手たちが多いんです。彼らに対してもあまり上からモノを言うような感じだとシュンとなってしまいます。僕らは勝つことが目標ですから、それでは選手の力を伸ばすことにならず、チームの目標を達成できません。まずは「どう伝えるのか」というのが監督になってからの僕の課題ですし、チームの方針をどう理解してもらうか、そういう環境の土台づくりをしながら戦っているところです。

●自分で考える「自主自律」

年中夢球　私は、少年野球であってもすべて教えてしまうのは、やらされる野球になってしまうと疑問を感じています。子供が考えることが重要なんだと思っていて、それは普段の生活でも同様ではないかと。井口監督は指導の際、どういうスタンスなのでしょうか。

井口監督　やはりプロの選手ですから1から10まで教えるというよりも、1から5や6まで教えて、あとは選手の持つ引き出しを自身

がどれだけ意識し、ピックアップできるかを見るというスタイルです。プロになるとポジションごとに役割があります。自分の好きなようにやればいいわけではありません。最後は自分で責任を取らないといけないので、どうやったらレギュラーを取れるか、プロ野球選手として生き残れるか、というのを自らで考える必要があるわけです。

今年は球団としても「自主自律」を目標として掲げていますが、すべてはこの言葉に集約されると思っています。これは、少年野球の子供にもあてはまる部分があるのではないでしょうか。野球教室に行くと、全員が同じ打ち方をしていたり、全員が同じ投げ方をしているチームがあって片寄った指導になっているのでは？と思うこともあります。自分で考えて自分で実践することで、楽しさを知ることにつながるはずです。

年中夢球　そういう方針のもと、チームをまとめるご苦労とはどんなところですか？

井口監督　毎日試合をしているので、ひとりがチームの雰囲気を乱すと、みんなが引きずられることもあります。調子が悪い人に対してはやる気を起こすような言葉をかけたり、モチベーションを落とさないように心がけています。また、勝利という目標に向かってチームを率いていますから、二軍の選手であっても意識を高くして、常に一軍に上がろうという思いを持たせることです。だから二軍の試合に行って自分の目で確かめたり、二軍監督から情報をこまめに入れてもらうようにしています。

反対に、一軍から二軍に落とすときの声の掛け方も、「二軍でこうしてこい」ではなくて、「次はこうなって帰ってきてほしいから、10日後にレギュラーとして戻ってこい」と、声の掛け方には気を付けています。少年野球の監督も、怒りたい気持ちはわかりますが、プロでもできないことがあるのに子供がすべて自分のイメージするように動けるわけがあり

ません。監督の言葉が、次につながるようにしてあげるのが大切かと思います。

●常に準備をしておくことが大切

年中夢球　井口監督はチャンスに強いという印象でした。引退試合で9回裏に登場し、同点ホームランを打った瞬間はいまでも思い出します。私は、講演会でメンタルの話をしますが、「自分でメンタルが弱いと思う子？」って聞いたら30人くらいが手を挙げました。たぶん僕から見ると、メンタルが弱いのではなく、大人から「お前は打てない」とか言われて、それが影響しているのかなと思います。メンタルを高める秘訣はありますか？

井口監督　僕はメンタルが強いというよりも、常にすべての場面を想定しています。打席に立つ前にこうなったら、こうすればいいという準備ですね。基本的にメンタルが弱いと感じるのは、チャンスに打てなかったときだと思います。ノーアウトランナーなしという状況では、あまり感じないはず。だからチャンスが回ってくるときには、ベンチ、シチュエーションを自分で設定しながら、ネクストバッター、そしてバッターボックスに立っています。それによってチャンスで慌てることがなく、自分がいまやれることをやることで結果につながったケースが多かったんだと思います。

少年野球も一緒ですよね。最終回、ツーアウト満塁で打順が回ってきた。ではどのボールを打つ？って考えていけばやれることが見えてくるはずです。

●野球を通して学んだこと

年中夢球　野球を通じて井口監督が学んだことや社会人として役に立ったことにはどんなことがありますでしょうか？

井口監督　野球は団体競技なので、ひとりが良くてもチームは勝てないし、前の人が打てなければ次の人がバックアップして、助け合っていくところが個人競技とは違う良さではないでしょうか。自分のことだけでなく、チームメイトの思いもみんなで感じながらプレーしなければならないので、素晴らしいスポーツだと思っています。野球を通じて、いろんな人と出会えたし、小中高そして大学だけでなく、アメリカのメジャーリーグでもプレーして多くのチームメイトができて自分自身も成長できました。それに、野球以外に礼儀も学びました。プロに入ってもなかなか挨拶ができない人がいます。だから技術以上にきちんと挨拶するようにと言いますし、いますごく厳しくしています。風呂場でスリッパをきちんと揃えるようにとか。プロだからいいやというのは甘えにつながります。僕が、そんなチームは弱いと思っているのは、普段の生活から足元をすくわれるという考えからです。

年中夢球　僕も選手に私生活はプレーに出ると言っています。

井口監督　少年野球でもユニフォームをきちんと着ている子は上手です。反対にだらっとしている子はあまり上手くなかったりします。指導者の方にはそういうところから選手を見てあげてほしいですね。

2017年9月24日、引退試合9回裏の同点ホームラン

年中夢球　現場にいると指導者側の資質を問われることもあって自分自身の考えをしっかりと親御さんやコーチに伝えないといけないと思っていますが、親御さんの心構えも考えてほしいと感じます。「なんでうちの子が試合に出られないんですか」というのは昔からありますが、子供ができることすら大人がやってしまう光景を見ることが多いんです。

井口監督　親御さんは黙って見ているのが一番いいのではないでしょうか。グランドで感じたことを子供と一緒に家で考える。そういうサポートが大切で、グラウンドで指摘する人もいるようですが、現場は監督やコーチに任せないと子供も迷います。期待する気持ちもわからないわけではありませんが（笑）。

年中夢球　最後に、甲子園やプロ野球を目指す子供たちに井口監督からメッセージをお願いします。

井口監督　やっぱり目標設定をしっかり持つことが大切です。それは、具体的にどういう選手になりたいかをイメージすることです。ロッテだったら鈴木大地のようになりたい、というところから始まって、打ち方の真似をする。そうやって一人の選手をじっくり見ることで細かい部分にも目が行くようになり、いい効果を生むと思います。なんとなくプロ野球選手になりたいというのでは、なかなか個性が伸びてきません。足の使える選手になりたいとか、ホームランバッターになりたいとか、ひとりの選手にクローズアップしていくと見えてくるものがあります。

いまは野球をやるにはすごく環境がよくて、

野球教室でもプロの現役選手が来てくれる時代です。僕らが少年だった頃はそんな機会はまったくなく、教わるチャンスなんてなかったですからね。地上波だけでなく、BSやCS、さらにはインターネットでほぼ全試合が見られます。球場に足を運んでもらうのが一番ですが、そうでなかったらテレビでもいいので、プロのプレーを見て、楽しんでほしいですね。野球は決して苦しいものではありません。楽しんで、全員で勝った負けたを一喜一憂しながらやってほしいなと思います。

（2018年5月17日収録）

【井口資仁（いぐち・ただひと）】
1974年12月4日生まれ。国学院久我山高では甲子園に出場、青山学院大学時代には東都大学リーグの三冠王、アトランタ五輪で銀メダル獲得。97年、福岡ダイエーホークス（現ソフトバンク）でプロデビュー。2005年、日本人内野手としては2人目となるメジャー契約をし、シカゴ・ホワイトソックスに移籍、ワールドシリーズ制覇に貢献。2008年、フィラデルフィア・フィリーズ在籍時に日本人として2度目のワールドシリーズ制覇。2009年、5年ぶりに日本球界に戻り千葉ロッテマリーンズに入団。2010年にはリーグ3位から史上初の日本シリーズ優勝、不動の3番として大きく貢献した。2013年4月には日米通算250本塁打、7月には史上5人目の日米通算2000本安打を本塁打で達成。2017年シーズンで現役を引退、監督に就任。

あとがき

高校野球最後の日に、彼らが手にいれたものは何でしょうか?

「最後までがんばることの大切さ」「親への感謝」「仲間への想い遣り」

これらは全て目に見えるものではなく野球を「心」で感じてプレーしてきたからこそ手に入れられるものです。本書で述べてきたようにこれらを手に入れるためにも「心」で感じる野球をお子さんにはしてほしいと思っています。

お子さんが野球を終える時は、親御さんも野球少年の母と野球少年の父の終わりとなる日がやってきます。高校野球最後の日にいろいろな「当たり前」が当たり前ではなかったことに気付きます。当たり前の反対は「有り難し」。

子供が高校3年生まで野球を続けてきたくれたこと。

泥々のユニフォームを洗濯できたこと。

毎日、お弁当を作れたこと。

子供の野球を応援できたこと。

全てのことが「当たり前」ではなく「有り難い」ことだったと気が付くのかもしれません。

だからこそ心から「有り難う」と高校野球最後の日に伝えてあげてください。

高校野球最後の大会、お子さんの姿がグラウンドにはなかったかもしれません。ベンチだったかもしれないし、スタンドだったのかもしれません。でも最後の最後までチームのために戦う「プレーヤー」だったはずです。「置かれた場所で咲きなさい」と言いますが「置かれた場所」が大事なのではありません。「咲き方」が大事なのです。

高校3年生の夏の大会はたくさんの「有り難う」が球場の外で溢れているでしょう。新聞やテレビに取り上げられないたくさんの「有り難う」があります。その親子だけにしかわからない「有り難う」があります。

高校野球最後の日、辛いかもしれませんが、汗と涙でぐちゃぐちゃになっている我が子に「有り難う」を伝えてあげてください。我々はよく子供に「感謝の気持ちを忘れずに野球をしなさい」と言いますが、我々大人も子供に感謝しなければいけないのではないでしょうか？

感謝は「謝意を感じる」と書きます。野球を通して子供も親も感謝する心を手に入れたのではないでしょうか？ 感謝の「謝」は言葉を射ると書きます。「有り難う」の謝を言葉で伝えてあげてください。

高校野球を最後までがんばった「高校球児」は「孝行球児」になったのですから……。

年中夢球

年中夢球（本間一平）
1969年生まれ。学童野球・クラブチームで指導歴20年。人数が少ないところからチーム作りを始め、県大会優勝、関東大会準優勝などに導く。
親御さんや指導者にスポットを当てたブログが爆発的な人気になり全国にファンを多数持つ。
現在は親御さん・指導者・選手に対して全国を駆け回り心の野球の重要性を講演会などで発信している。

ブログ● https://nenjyu-mukyu.com/
講演会・原稿執筆依頼● nenjyu.mukyu89@gmail.com

カバー装幀、本文デザイン○三村 漢（niwanoniwa）
本文レイアウト○福田 浩（セント・ギャラリー）

カバー写真○ Shoji Fujita/GettyImages
対談写真○山崎正路
写真提供○ buchiko、池田茂徳、yosshy
協　　力○千葉ロッテマリーンズ
観音寺マリンズスポーツ少年団 Instagram：@k.marines
多留姫少年野球
平川レッドスターズ
府中 九小Eドリームス
宜野湾ベースボールキッズ

球育

2018年7月1日 初版第一刷発行
2022年1月1日 初版第十三刷発行

文　○年中夢球
発行人○片村昇一
編　集○藤森邦晃
営　業○片村昇一
発行所○株式会社日本写真企画
〒104-0032 東京都中央区八丁堀4-10-8
第3SSビル601
電話 03-3551-2643
FAX 03-3551-2370
http://www.photo-con.com/

印刷・製本○シナノ印刷株式会社

落丁本、乱丁本は送料小社負担にてお取り替えいたします

ISBN978-4-86562-070-2
C0075